_weltraum

7 hügel

7 hügel____Bilder und Zeichen des 21. Jahrhunderts

III) weltraum

SONNEN, MONDE, GALAXIEN:
AUFBRUCH INS UNBEKANNTE

Herausgegeben von Bodo-Michael Baumunk und Ralf Bülow

Henschel | Berliner Festspiele

7 hügel——Bilder und Zeichen des 21. Jahrhunderts 14. Mai — 29. Oktober 2000

im Martin-Gropius-Bau Berlin   Eine Ausstellung der Berliner Festspiele

Ermöglicht durch die Stiftung Deutsche Klassenlotterie Berlin

SCHIRMHERR **Bundespräsident Johannes Rau**

VERANSTALTER **Berliner Festspiele GmbH** Intendant **Prof. Dr. Ulrich Eckhardt** | Geschäftsführung **Hinrich Gieseler**

AUSSTELLUNGSLEITUNG **Bodo-Michael Baumunk, Gereon Sievernich**

——IMPRESSUM I) **kern** Wissenschaftliche Konzeption **Dr. Peter Bexte** | Gestaltung **Ken Adam, London** | Wissenschaftliche Mitarbeit **Livia Bade, Ulrike Goeschen, Maria Kayser, Tilo Plake** II) **dschungel** Wissenschaftliche Konzeption **Dr. Jasdan Joerges** | Die Abteilung Dschungel wurde bis Dezember 1998 von **Eleonore Hein** konzeptionell betreut | Gestaltung **Tina Kitzing, Augsburg** | Wissenschaftliche Mitarbeit **Daniela Kratzsch, Anne Pfeil** III) **weltraum** Wissenschaftliche Konzeption **Dr. Ralf Bülow** | Gestaltung **Charles Wilp, Düsseldorf** | »Mondhaus« **Hans-J. Schmitt** | Wissenschaftliche Mitarbeit **Ekkehard Endruweit** IV) **zivilisation** Wissenschaftliche Konzeption **Dr. Thomas Medicus** | Die Abteilung Zivilisation wurde seit August 1999 von **Jean-François Machon** betreut | Gestaltung **Lebbeus Woods, New York** | Wissenschaftliche Mitarbeit **Jean-François Machon** V) **glauben** Wissenschaftliche Konzeption **Eva Maria Thimme** | Gestaltung **Gerrit Grigoleit, Lars Gräbner, Berlin** | Wissenschaftliche Mitarbeit **Miriam Rieger** VI) **wissen** Wissenschaftliche Konzeption **Dr. Hendrik Budde** | Gestaltung **Edouard Bannwart, Berlin** | Wissenschaftliche Mitarbeit **Bernd Graff** VII) **träumen** Wissenschaftliche Konzeption **Dr. Margret Kampmeyer-Käding** | Gestaltung **Kazuko Watanabe, Berlin** | Wissenschaftliche Mitarbeit **Annette Beselin, Philipp von Hilgers, Saskia Pütz**——WEITERE WISSENSCHAFTLICHE MITARBEIT **Dr. Anna Czarnocka-Crouillère, Dr. Michaela Diener, Sabine Hollburg, Christoph Schwarz, Maya Shikata-Bröker**——PRODUKTION **Christian Axt** | Produktionsbüro **Josef Binder** (ab November 1999), **Joachim Bredemeyer, Andreas Glücker, Christoph Schmuck** (bis Dezember 1999), **Susanne Walther** | Lichtgestaltung **Michael Flegel** | Medientechnik **Dr. Reiner Chemnitius** | Statik **Gerd-Walter Miske** | Sekretariat **Ingrid Schreiber, Evelyn Simhart** | Modellbau **Monath & Menzel (Berlin), Dwayne Oyler (New York)**——ORGANISATION Koordination und Leihverkehr **Sabine Hollburg, Regina Gelbert, Christoph Schwarz** | Ausstellungsbüro **Bärbel E. Fickinger, Claudia Simone Hoff, Michaela Illner, José Jupy, Elke Kupschinsky** | Projektverwaltung **Thomas Schwarz** | EDV-Betreuung **Dr. Saleh Salman**——KONSERVATORISCHE BETREUUNG **Klaus Büchel, Ernst Bartelt, Friederike Beseler, Petra Breidenstein, Ekkehard Kneer, Rüdiger Tertel**——KATALOG I) **kern** Redaktion **Dr. Peter Bexte** | Mitarbeit **Ulrike Goeschen** II) **dschungel** Redaktion **Dr. Jasdan Joerges** | Mitarbeit **Daniela Kratzsch und Anne Pfeil** III) **weltraum** Redaktion **Dr. Ralf Bülow** IV) **zivilisation** Redaktion **Dr. Thomas Medicus** | Mitarbeit **Jean-François Machon** V) **glauben** Redaktion **Eva Maria Thimme** VI) **wissen** Redaktion **Dr. Hendrik Budde** | Mitarbeit **Bernd Graff** VII) **träumen** Redaktion **Dr. Margret Kampmeyer-Käding** | Mitarbeit **Saskia Pütz** | Gesamtredaktion und Koordination **Dr. Michaela Diener, Elke Kupschinsky** | Bildredaktion **Christoph Schwarz** | Grafische Gestaltung *fernkopie:* **Matthias Wittig, Claudia Wittig, Stefanie Richter, Sonja Jobs, Antonia Becht** | Übersetzungen **Dr. Ralf Bülow** (Englisch), **Dr. Gerd Burger** (Englisch), **Hatice Demircan** (Englisch), **Youssef El Tekhin** (Arabisch), **Doris Gerstner** (Englisch), **Dr. Gennaro Ghirardelli** (Englisch), **Ulrike Goeschen** (Englisch), **Dr. Henning Schmidgen** (Englisch), **Andreas Vollstädt** (Englisch)——PRESSE- UND ÖFFENTLICHKEITSARBEIT **Nana Poll, Annette Rosenfeld** | Mitarbeit **Anna Badr** | Übersetzungen **Liliane Bordier** (Französisch), **Anna Cestelli Guidi** (Italienisch), **Dr. Anna Czarnocka-Crouillère** (Polnisch), **Stephen Locke** (Englisch), **Veronika Mariaux** (Italienisch), **Maria Ocon Fernandez** (Spanisch), **Holly Jane Rahlens** (Englisch), **Christine Rädisch** (Russisch), **Maya Shikata-Bröker** (Japanisch)——TRANSPORTE/VERSICHERUNGEN **Hasenkamp Internationale Transporte GmbH & Co. KG** | **Kuhn und Bülow Versicherungsmakler GmbH**

——VERLAGSIMPRESSUM **Die Deutsche Bibliothek – CIP-Einheitsaufnahme.** Ein Titelsatz für diese Publikation ist bei Der Deutschen Bibliothek erhältlich. ISBN 3-89487-344-2 **Kern** | ISBN 3-89487-345-0 **Dschungel** | ISBN 3-89487-346-9 **Weltraum** | ISBN 3-89487-347-7 **Zivilisation** | ISBN 3-89487-348-5 **Glauben** | ISBN 3-89487-349-3 **Wissen** | ISBN 3-89487-350-7 **Träumen** | ISBN 3-89487-356-6 **Gesamtpaket** |

‾‾‾‾DANKSAGUNG FÜR WISSENSCHAFTLICHE KOOPERATION Astrophysikalisches Institut Potsdam | Deutsches Museum München | Deutsches Zentrum für Luft- und Raumfahrt, Institut für Weltraumsensorik und Planetenerkundung, Berlin | European Southern Observatory, Garching | European Space Agency, Paris | Humboldt-Universität zu Berlin, Institut für Mineralogie | National Air and Space Museum, Washington D.C. | The Royal Astronomical Society, London | The Royal Society, London | Eberhard-Karls-Universität Tübingen, Institut für Astronomie und Astrophysik

‾‾‾‾DANKSAGUNG FÜR BERATENDE MITWIRKUNG **Prof. Dr. Heinz-Hermann Koelle** Berlin **Prof. Dr. Gerhard Neukum** Berlin ‾‾‾‾DANKSAGUNG FÜR WISSENSCHAFTLICHE BERATUNG UND UNTERSTÜTZUNG **Bettina Allamoda** Berlin **Aarne Anton** New York **Dr. Jürgen Blunck** Berlin **Prof. Dr. Klaas de Boer** Bonn **Klaus Bürgle** Göppingen **Jerry W. Carter** Silver Spring, Maryland/USA **Prof. Dr. Alexander Dückers** Berlin **Dr. Volkmar Enderlein** Berlin **Prof. Dr. Wolf Peter Fehlhammer** München **Daniel Fischer** Königswinter **Dr. Rolf Giesen** Berlin **Heidi Graf** Noordwijk, Niederlande **Dr. Hartmut Grosser** Göttingen **Dr. Bettina Gundler** München **Dr. Susanne Hüttemeister** Bonn **Dr. Antonius Jammers** Berlin **Dr. Ernst Künzl** Mainz **Erik Theodor Lässig** Deggendorf **Prof. Dr. Dierck-Ekkehard Liebscher** Potsdam **Marjorie und Dr. Roger Malina** Boulogne-sur-Seine, Frankreich **Maria Menéndez** Paris **Edith und Gerhard Micksch** Berlin **Prof. Dr. Barbara Mundt** Berlin **Albert van Oudgaarden** Noordwijk, Niederlande **Michael Petra** Chicago **Dr. Olaf Przybilski** Dresden **Tasillo Römisch** Mittweida **Prof. Dr. Hanns Ruder** Tübingen **Ingrid Schmidt-Winkeler** Düsseldorf **Hans-Jürgen Schmitt** Berlin **Prof. Dr. Peter-Klaus Schuster** Berlin **Prof. Dr. Edward Seidel** Golm **Hermann Steggewentz** Bückeburg **Prof. Dr. Alfred Stückelberger** Bern **Daniel Weiskopf** Tübingen **Dr. Lothar Zögner** Berlin ‾‾‾‾UNTERSTÜTZENDE UNTERNEHMEN **BVG, Berliner Verkehrsbetriebe | DaimlerChrysler Services (debis) AG | Kronos Consulting, Berlin**

BODO-MICHAEL BAUMUNK ——— RALF BÜLOW

Der Weltraum hat schon bessere Zeiten gesehen, wie in den sechziger Jahren, als er selbst die Pop-Kultur beflügelte. Der Befund mag überraschen, wird doch unser Alltag in umfassender Weise extraterrestrisch mitbestimmt, durch Wetter-, Kommunikations-, Fernseh- und Spionagesatelliten. Aber all diese Entwicklungen dienen vorwiegend den Bedürfnissen des irdischen Lebens, die Perspektive der Weltraumfahrt von ehedem hat sich umgekehrt, sie richtet sich auf unseren Heimatplaneten, nicht primär – sieht man von astronomischen Forschungssatelliten ab – in die Weiten des Alls. »Weltraum« bedeutete jedoch immer Vision im doppelten Sinne, Blick des Auges hinaus in den Kosmos wie des Geistes nach vorn in die Zukunft. Insofern war der Weltraum stets die Domäne der Science Fiction schlechthin, welche nie allein pure Fabulierkunst bedeutete, sondern fließende Grenzen zur Wissenschaft aufwies. Noch immer fasziniert der Weltraum als – im Gegensatz zum innerweltlichen *cyberspace* – letzter aber umso gewaltigerer *outer space,* welcher der Entdeckerlust der Menschen nach Erforschung der ehedem entferntesten Erdenwinkel verblieben ist. ——— Auch die Astronomie – von alters her den Zwecken des Menschen dienend von der Bestimmung des Jahreslaufes über die Schifffahrt bis hin zur illusionären Erwartung, aus dem Lauf der Gestirne zukünftige Schicksale vorherzusagen – ist bis heute die wohl populärste Wissenschaft geblieben. Sternwarten und Planetarien sind Anziehungspunkte für das große Publikum. Forschungsergebnisse, die Aufschluss über die Entstehung des Universums und mithin der Erde geben, erreichen erstaunliche publizistische Breitenwirkung, in der sich purer Schauder über schwarze Löcher und Supernovae mit dem Wunsch vereinen, die vergleichsweise kurze Geschichte der Menscheit in die naturgeschichtlichen Zeiträume von Jahrmilliarden einzubetten und das unendlich ferne allnächtliche Naturschauspiel des Firmaments in die Nähe des eigenen Verständnisses zu holen. ——— Schon Kepler träumte in einer posthum erschienenen Erzählung von lunaren Kreaturen, und einige Dekaden später präsentierte Fontenelle in geschliffenen Dialogen die Vielfalt der Planeten und ihrer Bewohner. Was im Barock als aufklärerisches Gedankenspiel begann, mutierte um 1900 zum halbwissenschaftlichen Szenario eines kanalzerfurchten Mars mit vernunftbegabten Marsianern. Und parallel zum globalen Aufstieg der Science Fiction in der zweiten Hälfte des 20. Jahrhunderts kletterten immer neue kosmische Wesen aus Fliegenden Untertassen und »x-Akten« – sozusagen als Weltraum zum Anfassen. ——— Ausstellung und Katalogband konfrontieren Besucher und Leser mit den Bemühungen, die Rätsel des Universums zu lösen, machen vertraut mit Künstlern, Gelehrten und Ingenieuren, die noch immer – wie zu Zeiten des Apollo-Programms – an den großen Visionen arbeiten: Forschungsstationen auf dem Mond und lunaren Transportraketen, Touristenausflügen ins All, interstellaren Raumschiffen, Kunstwerken im Zeichen der Schwerelosigkeit. Rückblicke in die Geschichte von Astronomie und Weltraumfahrt sollen die nötige Tiefenschärfe geben, Einblicke in die Bildwelten der Science Fiction daran erinnern, dass gelegentlich als Phantasie begonnen hat, was hernach, wenn auch nicht ganz so spektakulär, Wirklichkeit geworden ist. *To Infinity and beyond!*

)es steht alles, es fällt nichts

—— CHARLES WILP

Wer jemals eine Vollbremsung im Hirn oder im Herz hatte, wird durch die Schwerelosigkeit das Erlebnis einer anderen Merkwelt, einer neuen Bewusstseinszone haben. Schwerelosigkeit ist die Triebfeder für alles Kreative, nicht nur in den Künsten. Der »Turm der Winde« in Athen zeigt zum ersten Mal, wie sich Schwerelosigkeit einstellt. Die Griechen haben es geschafft, einen Körper nicht fliegend, nicht irdisch, nicht schwebend, sondern schwerelos darzustellen. Michelangelo hatte ein Gespür für die Schwerelosigkeit. Henry Moore hat trotz dieser Tonnen von Bronze, die er verarbeitet hat, im Geiste der Schwerelosigkeit gearbeitet. Oder denken Sie an diese Immaterialität bei Yves Klein. Jasper Jones war mit seinen drei Flaggen der Schwerelosigkeit auf der Spur: die erste Flagge ist irdisch, die steht irgendwo und kommt nicht weg. Die zweite Flagge fliegt, aber erst die dritte Flagge – das ist die Schwerelosigkeit. Bis zum Aufstieg Gagarins ins All aber konnte die Schwerelosigkeit nur mental empfunden werden, erst die Astronauten haben sie ganzkörperlich erfahren als grenzenlosen Zustand: »Die Erde ist blau und das All ist schwarz.« _____ Ich spreche eigentlich gar nicht mehr von Kunst. Statt »Kunst« verwende ich lieber das Wort ARTRO, das einfach gar nichts aussagt, sondern für eine neue Zeitrechnung steht – für die Zeit nach dem Jahr 2000; und deshalb gibt es »before 2000« und »after 2000«. Kunst bedeutete schon für Goethe vor allem »Künstler«, er sprach über Theater, Tanz, Lyrik und Poesie, aber er vermied den Begriff »Kunst«. Im Weltraum hat die Kunst jedenfalls nichts zu suchen. Dem Kosmos ist nicht mit gekünstelten Dingen beizukommen. Das wäre so, wie wenn man ein »künstliches Gehirn« aus Marmor oder Gips baute: in Wahrheit ist das Gehirn selbst das Kunstwerk. Dass Stiefmütterchen ins All geschafft oder Gummibärchen an Shuttle-Wände gehängt werden, ist Astronauten und ARTronauten eine schreckliche Vorstellung, etwas regelrecht Pornografisches. Es wäre ungefähr so, als führe ein Porschefahrer in Hosenträgern hinter Klöppelgardinen über die Autobahn. Wichtig ist, wie der Weltraum die Erdlinge mit neuen Sensibilitäten, mit neuen Empfindungen, mit neuen Sinnlichkeiten beliefert. _____ Deshalb habe ich auch gar nicht versucht, die Schwerelosigkeit in der Ausstellung zu »simulieren«. Simulieren ist immer Theater, und vor dem Theater haben die Menschen keinen wirklichen Respekt. Deswegen habe ich auch minimalistisch und wenig kostspielig gearbeitet – dafür sehr intuitiv. Was zählt ist das geistige Konzept, das Empfindungskonzept, das Erlebniskonzept. Das stelle ich über die ganze Ausstellung – drei Sterne, als Fotos eingegossen in Stycast, aber so überlappt, dass ich gar keine Fotos mehr sehe, sondern eine Sternenformation im Eindruck der Dreidimensionalität. Die Menschen müssen das Gefühl, die Intuition haben, in diesem Schaum aus Stycast und flüchtigen Bildern selbst drinzustecken. Ich musste versuchen, sie so aufzuladen, dass wir ohne Material auskommen. Material ist immer profan. Wer darauf in einer solchen Ausstellung setzt, produziert Pappmaché und eben im alten schlechten Sinne Ausstellungsarchitektur. Als Konzept, um das Ganze zusammenzuhal-

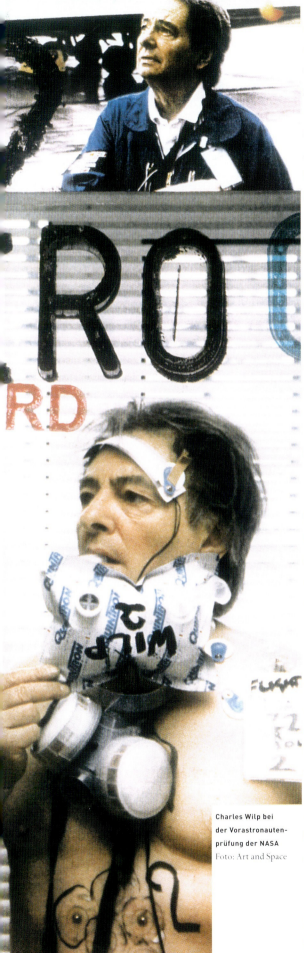

Charles Wilp bei
der Vorastronauten-
prüfung der NASA
Foto: Art and Space

ten, hat das Motiv der »Milchstraße« gereicht. In anderen Ausstellungen hängt hier was und da was, aber das ist keine Kontinuität. Die Menschen haben mehr davon, wenn sie in einen leeren Raum kommen, wenn sie atmen können, als wenn der Raum voll gestopft ist mit allen möglichen Requisiten. _____ Der rotierende Tunnel im Raum »*Deep Space*«, das kommt an die Schwerelosigkeit heran und zwar so, dass es den Leuten hoffentlich schummrig wird. Menschen sind von Natur aus leicht in der Lage, Appelle – zum Beispiel solche der Werbung – geistig zu absorbieren. Aber wenn sie das können, sind diese Appelle schlechte Kunst gewesen. Das muss ohne den Umweg über das Gehirn direkt ins Unterbewusstsein gehen. Die ganze Ausstellung ist ja eben dieses Unterbewusste. Und von hier aus erschließt sich vielleicht der Zusammenhang zwischen meiner Arbeit für die Werbung und der Idee der Schwerelosigkeit. Als Fotograf habe ich so lange experimentiert, bis ich durch Farbwahl aus dem Tageslichtspektrum Unschärfe erzeugen, Rasterpunkte überbrücken und somit den ganzen Rasterton, dieses Mechanische, aus den Bildern herausbekommen konnte. Die enge Zusammenarbeit mit Naturwissenschaftlern hat mich immer inspiriert. Damit ich für Werbefotos Vereisung künstlich erzeugen konnte, hat mir Rudolf Mößbauer vom Kernforschungszentrum Jülich den Ratschlag gegeben, ein Gemisch aus flüssigem Helium, Sauerstoff und tiefgefrorener Kohlensäure zu verwenden. Der hat später mit Recht den Nobelpreis erhalten. Alle möglichen Leute haben versucht, das zu kopieren, aber es kam nur Christbaumschmuck heraus, weil der wissenschaftliche Fundus fehlte. Ich kriege heute noch fast jeden Tag Faxe von Kunsthochschülern, die mich zu »Afri-Cola« befragen wollen. Ich antworte: »Danke schön, aber um das zu verstehen, müsst ihr euch erstmal mit dem Weltraum beschäftigen.« Meine Aufgabe war, im Leben nicht Werbung zu machen, sondern Schwereloses darzustellen. Damals habe ich mich nie gefragt, ob Werbung Kunst ist. Ganz sicher war ich mir hingegen, dass Kunst immer auch Werbung ist. Joseph Beuys hat das auch immer gewusst, mit seinen siebentausend Eichen: das war zunächst die Projektion einer Idee, die momentane Eingabe eines infernalischen oder eines göttlichen Gedankens, Beuys war bereit, das zu realisieren und das war der große Werber in ihm – für sich und für die Kunst, wie er mir auf dem Totenbett gesagt hat. So wie ich von meinem Vater – er war Saatguthändler – eine Art »Warenbewusstsein« geerbt habe, so verdanke ich meiner Mutter ein sehr spezielles Imaginationsvermögen und das Fehlen jeder Scheu vor ganz vordergründiger Virtuosität. Wenn sie als Klavierbegleiterin von Stummfilmen in den Filmstudios von Babelsberg nach drei Stunden unentwegten Spielens auf der Leinwand einen Eimer runterfallen sah, spielte sie eben ›prrrrrummm‹. Das ist also in mir drinnen genauso wie andere ästhetische Erfahrungen in meiner Biographie: wenn ich heute ins Weltall hinaushorche, höre ich immer noch diese kreischige Stimme in hochfrequenten Tönen, womit der Karajan mich wahnsinnig gemacht hat, als ich in seiner Zeit als Generalmusikdirektor in Aachen für ihn gearbeitet habe. _____ Werbung ist Synästhesie aus Architektur, Musik, Kunst: man kann an den »Mondlilien« in der Ausstellung sehen, was ich meine. Die »Mondlilie«, die in der geringeren Schwerkraft des Mondes in die Höhe wächst, ist in ihrer Gestalt so reduziert, dass sie einen immateriellen Eindruck abgibt, es ist keine Totenblume mehr, sondern genau das Gegenteil: die Blume der Freude aus einer alten Geschichte. Lange habe ich darüber nachgedacht und mich gefragt : »Wie machst du das?« Zunächst habe ich eine feine, emotional aufgeladene Lilie genommen, sie sehr schön fotografiert mit alten Techniken von Man Ray, bei dem ich das Lichtsetzen gelernt habe. In der Lilie stecken etliche

Vorbilder aus der Kunst, ich erfinde ja nicht immer das Rad neu, die Lilie ist eine Reproduktion der gesamten letzten tausend Jahre. Und dann kam dieses gottgesandte Material Stycast, wo im Material selbst, ohne dass jetzt Farben oder ein Firnis nötig gewesen wären, etwas floss, etwas lebendig wurde. Und die Symbiose, die geistige Symbiose mit dem Gold, der goldbedampften Satellitenfolie, das war die Steigerung der Lilie. Aber es war immer noch nicht perfekt, es war immer noch zu sehr eine richtige Lilie, die wollte ich weghaben, also habe ich zunächst einmal eine Farbe eingeführt, die die Weltraumfahrt uns nahegebracht hat. Aus den Trümmern der verglühten »Ariane« habe ich ein neues Farbspektrum rausgezogen, vor allem ein bestimmtes Grün, und die Lilie so verfremdet. Ich nehme Stycast mit Kapton, um das Ganze auch noch milchiger zu machen, um das vor allen Dingen noch oszillierender zu machen, also die Schönheit und Feinheit wollte ich optisch ausdrücken können. Die Mondlilie ist das Zeichen der Reinheit, die bestgestaltete Blume überhaupt. Diese wunderbare Kombination mit Gold, diese Reinheit, dieses Weiß und diese frischen Materialien. Kein Wunder, dass die Wissenschaftler von »Engelssperma« sprechen, wenn sie das sehen, natürlich nur hinter vorgehaltener Hand, sonst reden sie lieber von erstarrter Marmelade oder einfach von Stycast, sonst läuft das nicht in den Weltraumbehörden, und sie verlieren ihre Pension. ———— Schwerelosigkeit ist ein Suchtgefühl. Es ist gar nicht das Fliegen allein, sondern diese ungeheure Sensibilität für eine Droge, eben Schwerelosigkeit. Solche Rauschzustände können Sie auch bei Gewitterstimmung im Hochgebirge haben, man braucht jedenfalls nicht LSD oder »Afri-Cola« dafür, aber man kann ja nicht immer ins Hochgebirge gehen. Ich habe in den Labors in Jülich alles mögliche mit mir anstellen lassen, mir sogar isotopenangereichertes Blut in die Venen spritzen lassen und so was. Jedenfalls sind Drogen einfach Hilfsmittel, um die Schwerelosigkeit zu fühlen, den All-Orgasmus. So wie ich das in jungen Jahren schon als Pflastermaler empfunden habe: Maria Magdalena mit der »Afri-Cola«-Flasche in der Hand

auf dem Trottoir, und dazu regnete es und alles lief an der Flasche runter, dieses Blau, das ich damals verwandt habe, Blau und Rot und andere Farben, und mein Ziel in dieser Ausstellung ist erreicht, wenn das passiert im Unterbewusstsein der Menschen, wenn sie für einen Augenblick vernebelt, drogiert, irra-

tionalisiert aus der »*Deep Space*«-Tonne herauskommen. Die Erfahrung der Schwerelosigkeit wird die Menschheit weiterbringen, oder doch zumindest junge Kunststudenten, die sonst auf der Akademiecouch liegen, denen vom Vereinsleben ergraute Professoren mit diktatorischen Manieren beibringen wollen, wie ein Körper aussehen muss, mit hängenden Haaren und fallenden Augenlidern. Wenn aber so ein Körper in der Schwerelosigkeit fliegt, heißt das, er fliegt in der Vollschönheit des Körpers. Es steht alles, es fällt nichts. Beim Anblick des Sternenbildes habe ich im Bewusstsein, dass der Sternenhimmel in Wahrheit gar nicht mehr derselbe ist, wenn wir ihn sehen. Denn viele Sterne sind dann schon verglüht, erkaltet, es gibt sie nicht mehr. Dieses Immaterielle sehe ich im Sternenhimmel. Also: jeden Abend zwei Minuten in den Himmel gucken, empfehle ich jedem Staatsbürger, jedem Menschen, um das Bewusstsein zu erweitern. Werbung für den Weltraum sollte unser aller Arbeit sein.

❶ »Mondlilien« von Charles Wilp Foto: Art and Space ❷ 3/152 Tuffstein aus dem Garten von Charles Wilp Düsseldorf, Art and Space ❸ 3/166 Charles Wilp und seine Skulptur »Die Tränen der Ariane« Düsseldorf, Art and Space ❹ »Spacy Lucy« – Verkörperung der Schwerelosigkeit Foto: Art and Space

KENNT IHR VIELLEICHT DIE SEHENSWÜRDIGKEITEN DIESER KLEINEN INSEL IM NORDMEER,

DER FRÜHEREN BASIS UND DES HEUTIGEN MUSEUMS FÜR WELTRAUMSCHIFFE? UMGEBEN

VON HOHEN FICHTEN, ZWISCHEN VERWITTERNDEN DOLOMITBLÖCKEN ERHEBT SICH EINE

RIESIGE HALLE MIT GROSSEN FENSTERN, AUF DEREN SCHEIBEN SICH DAS SALZ, DAS DER

WIND VOM OZEAN HERÜBERWEHT, WIE REIF ABGELAGERT HAT. HIER RUHEN IN LANGEN

REIHEN DIE RAUMSCHIFFRÜMPFE. ——— STANISLAW LEM

❶ ❷

❶ 3/96 Landekapsel der
ESA-Raumsonde »Huygens«
*Am 15. Oktober 1997 brachte
eine Rakete der NASA die
Raumsonde »Cassini« und die
mit ihr verbundene »Huygens«-
Kapsel der europäischen Raum-
fahrtbehörde ESA auf eine
Bahn durch das Sonnensystem.
Diese führt im Jahr 2004 zum
Planeten Saturn, den »Cassini«
dann umkreisen wird. »Huygens«
soll sich von der Raumsonde
lösen und mit Hilfe eines Fall-
schirms auf dem Saturnmond
Titan landen. Noordwijk,
European Space Agency, Eu-
ropean Space Research and
Technology Centre*
❷ ESA-Astronomiesatellit
»Hipparcos« *Von 1989 bis
1993 vermaß »Hipparcos«
2,5 Millionen Sternpositionen*
Foto: ESA

❶ 3/94 Ingenieurmodell des Satelliten »HEOS A-2« im Maßstab 1:1 *Der Ende 1968 gestartete »HEOS A-1« war der erste Satellit, der in Deutschland entstand: Die Münchner Junkers Flugzeug- und Motorenwerke GmbH baute ihn mit europäischen Partnern für die ESRO (European Space Research Organisation), einer Vorläuferin der Raumfahrtbehörde ESA. Das Schwesterschiff »HEOS A-2« kreiste ab Anfang 1972 auf einer langgezogenen Umlaufbahn, die 240000 Kilometer ins All hinausführte, um die Erde.* Noordwijk, European Space Agency, European Space Research and Technology Centre

❷ 3/93 Modell des ersten Erdsatelliten »Sputnik 1« Berlin, Russisches Haus der Wissenschaft und Kultur

❸ 3/47 Der 12. April 1961 Boris A. Smertin, 1975 *Eine künstlerische Verklärung der Raumfahrtgeschichte mit Schwerpunkt auf den Leistungen Russlands: Ganz links erkennt man den bebrillten Theoretiker und »Vater der Raumfahrt« Konstantin E. Ziolkowski (1857–1935), über ihm am Mikrofon den »Chefkonstrukteur« der sowjetischen Raumfahrt, Sergei P. Koroljow (1907–1966). Der Titel erinnert an den Flug von Juri Gagarin (1934–1968), dem ersten Menschen, der in einer Raumkapsel die Erde umkreiste.* Berlin, Sammlung Ralf Bülow

01_ rückblicke in die zukunft)

RALF BÜLOW _____

Hundert Kilometer über unseren Köpfen – es mögen auch hundertfünfzig sein, die genaue Zahl ist Definitionssache – beginnt ein grenzenloses Reich der Wunder und Abenteuer: der Weltraum. Der Himmel der Antike mit sieben Planeten und dem Sternenzelt wuchs im Laufe der Jahrhunderte zu einem kosmischen Themenpark mit Sonnensystemen und Spiralnebeln, Raketen und Raumschiffen, Ufos und Außerirdischen. Wir können uns dem Weltraum mit der Wissenschaft nähern, mit der Technik – und nicht zuletzt mit viel Fantasie. _____ Die *Wissenschaft* ist primär die Astronomie, deren Wurzeln bis in die Frühzeit der Kultur zurückreichen, als die Felsenkreise von Stonehenge und die Stufenpyramiden des Zweistromlandes errichtet wurden. Galt es zunächst, den Lauf der Sterne und Planeten zu verfolgen, seine Gesetze zu erkunden und Sonnen- und Mondfinsternisse vorherzusagen, so öffnete die Erfindung des Fernrohrs im frühen 17. Jahrhundert eine Vielzahl neuer Welten: Mondkrater und Sonnenflecken, Phasen der Venus und Polkappen des Mars, Jupitermonde und Saturnringe, die Sternfelder und Nebelwolken der Milchstraße. Jedoch sahen die Astronomen ihre Hauptaufgabe nach wie vor darin, die Bewegungen der Himmelskörper zu notieren; tiefere Analysen erschienen kaum möglich. Dies änderte sich im 19. Jahrhundert durch die Erkenntnis, dass das Licht eines Sterns Aufschluss über seine Natur gibt – die Astrophysik war geboren. Im 20. Jahrhundert schließlich weitete sich der Blick auf den Gesamtaufbau des Alls, und es entstand die Kosmologie. Neben der Astronomie mit den Untergattungen Astrophysik und Kosmologie kümmern sich noch andere Disziplinen um den Weltraum. Als Kombination von Geologie, Mineralogie und Planetenastronomie etablierte sich die Planetologie, die die Objekte des Sonnensystems studiert. Die Atmosphärenphysik hingegen erforscht die direkte Umgebung der Erde und die »normale« Physik die Grundgesetze und Grundbausteine des Universums. Die jüngste Weltraumwissenschaft ist wohl die Astro- oder Exobiologie, die sich mit dem Leben auf fernen

3/6 1:1-Modell des deutschen Satelliten DIVA
Sternwarte der Universität Bonn

Neue Wege der Astrometrie —— Die Astrometrie ist der Teil der astronomischen Wissenschaft, der sich mit der Messung von Sternpositionen befasst. Dies klingt recht trocken, ist aber insofern von großer Bedeutung, als aus der Position eines Sterns in bestimmten Fällen sein Abstand zur Erde errechnet werden kann – die Frage nach dem Abstand ist in der Himmelskunde eine der wichtigsten überhaupt. —— Wie folgt nun aus einer Orts- eine Entfernungsangabe? Seit den Berechnungen in der 1609 erschienenen »Astronomica nova« des Johannes Kepler wissen wir, dass sich die Erde auf einer elliptischen Bahn um die Sonne bewegt, und auf dieser Bahn ist sie an einem beliebigen Tag etwa 300 Millionen Kilometer von dem Platz entfernt, den sie ein halbes Jahr später einnimmt. Peilt man also an jenem Tag und dann sechs Monate später einen Stern an, so wird sich seine Position am Himmel ein wenig geändert haben, vorausgesetzt, der Stern ist nicht zu weit weg. Diese Änderung ist natürlich eine scheinbare und hängt damit zusammen, dass wir den Stern von der Erde aus jeweils in einem unterschiedlichen Höhenwinkel sehen. Aus den beiden Messwerten lässt sich dann mit Hilfe der Geometrie seine Distanz bestimmen. —— Der erste Astronom, dem das gelang, war Friedrich Wilhelm Bessel (1784–1846): Er visierte den Stern 61 Cygni im Sternbild Schwan an und fand 1838, dass derselbe rund zehn Lichtjahre von uns entfernt liegt. Bessel arbeitete an einem Heliometer, einem Teleskop, dessen Objektivlinse in zwei Hälften zersägt wurde, die sich gegeneinander verschieben ließen. Sein Verfahren wurde stetig verfeinert, allerdings kann

Planeten und Monden befasst. —— Die *technische* Methode, sich dem Weltraum zu nähern, ist die Raumfahrt, die auf der Rakete, oder genauer gesagt, auf dem Raketenantrieb basiert. Dieser schaut auf eine lange Geschichte zurück – das Rückstoßprinzip war schon der Antike bekannt –, doch wurde sein Potenzial für den Flug ins All erst im 20. Jahrhundert deutlich. Der erste raumfahrttaugliche Raketenmotor trieb eine Kriegswaffe an, die deutsche V2, und nach 1945 wurden Großraketen zunächst für Atombomben und andere Sprengmittel hergestellt. Als Ableger der militärischen Raketentechnik entwickelte sich in Ost und West mehr und mehr eigenständig eine zivile Variante und damit die Raumfahrt, wie sie heute existiert. —— Hier dient die Rakete in der Regel als Transporter, der eine Nutzlast über die irdische Lufthülle hebt und ihr die Möglichkeit verleiht, unseren Planeten zu umkreisen oder eine Bahn einzu-schlagen, die zu einem anderen Himmelskörper führt. Das gilt auch für das Space Shuttle der amerikanischen Raumfahrtbehörde NASA, das quasi eine integrierte Rakete hat und zudem Hilfsraketen, die während des Starts abgeworfen werden. Transportieren lässt sich im Grun-de alles, was die Zuladung der Rakete und den Etat des Auftraggebers nicht übersteigt: mili-tärische, wissenschaftliche und kommerzielle Satelliten, Raumkapseln mit Astro- oder Kos-monauten, Weltraumstationen am Stück oder in Teilen, Mond- und Planetensonden. _____ Menschen können im Weltraum Forschungsarbeiten erledigen, von denen die Astronomie oder die Planetologie profitiert. In der Tat erbrachten die Apollo-Landungen viele neue Erkenntnisse über den Mond und das Sonnensystem insgesamt. Doch auch mit unbemannten Raumfahr-zeugen lassen sich anspruchsvolle Aufgaben ange-hen, ja man kann in der Nutzung der Raumfahrt den letzten großen Fortschritt der astronomischen Tech-nik sehen, vergleichbar mit der Erfindung des Fern-rohrs, der Spektralanalyse oder des Radioteleskops. Deutlich wird dies bei der nahen Beobachtung von Himmelskörpern: Beginnend mit der sowjetischen Sonde »Lunik 3« im Jahre 1959 wurden unser Mond, alle Planeten außer Pluto, viele Planetenmonde, diverse Asteroiden und ein Asteroidenmond sowie der Kern des Halleyschen Kometen inspiziert. Eine weitere und besonders ertragreiche Kometenerkun-dung plant die europäische Weltraumbehörde ESA für das Jahr 2003: Dann startet eine Ariane-5-Rakete mit der Sonde »Rosetta« an Bord, die den Kometen Wirtanen ansteuern und ein Landegerät absetzen soll. _____ Verständlich ist der Wunsch, ein Teleskop im Weltraum zu stationieren, um ohne Störungen durch die Fluktuationen der Lufthülle Planeten, Sterne und Galaxien zu fotografieren: Genau das tut seit 1990 der Satellit »Hubble« der NASA. Ein ent-fernter Verwandter von »Hubble« war »Hipparcos«, den die ESA in den Weltraum schickte: Dieser Satel-lit machte keine Fotos, sondern maß von 1989 bis 1993 die Positionen von 2,5 Millionen Sternen mit einer Genauigkeit von bis zu einer Tausendstel Bogensekunde – so etwas ermöglicht nur das Vakuum des Weltraums. Noch fünfmal genauer würde der deutsche »DIVA«-Trabant sein, der in wenigen Jahren losfliegen soll. Vergessen wir aber nicht, dass auch in der irdischen Astro-nomie viel geschieht, um die Luftunruhe zu überlisten, etwa durch die adaptive Optik – eine Art biegsamer Teleskopspiegel – oder einfach durch den Bau von Sternwarten auf hohen Ber-gen oder in Wüstenregionen. _____ Doch selbst die trockenste Wüste kann nicht verhindern, dass manche Himmelsphänomene am Boden unsichtbar bleiben. Erinnern wir uns: Licht besteht aus elektromagnetischen Wellen mit bestimmten Frequenzen und Längen, und ihre Gesamtheit ergibt das Spektrum, worin das vertraute sichtbare Licht die Wellenlängen von

man wegen der Störeffekte der Atmosphäre nur Positionen mit einer Genauigkeit von 1/10 Bogensekunde messen, das heißt vom Erdboden aus. Im Weltraum, wo eine Atmosphäre fehlt, sind höhere Genauigkeiten möglich. _____ Aus diesem Grunde startete die europäische Raumfahrtbehörde ESA 1989 den Satelliten »Hipparcos«, der bis 1993 2,5 Millionen Sterne registrierte. Er maß hundertmal genauer als die irdischen Astronomen, und dank seiner Daten wurden – mit einer Genauigkeit von zehn Prozent oder besser – die Dis-tanzen von über 20000 Sternen bekannt, die im Umkreis von 300 Lichtjahren liegen. Dies erscheint wenig angesichts der Tatsache, dass unsere Milchstraße einen Durchmesser von 100000 Lichtjahren und 100 Mil-liarden Sterne besitzt; ein Anfang ist jedoch gemacht. _____ Nun kommt es darauf an, die weltraum-gestützte Astrometrie durch neue Satelliten fortzusetzen, zum Beispiel durch »DIVA« (»Double Interfero-meter for Visual Astrometry«). Mit seiner gegenüber »Hipparcos« fünfmal höheren Genauigkeit könnte er eine exakte Distanzmessung für den in der Konstellation Walfisch liegenden Stern Delta Cephei liefern, von dem wir zur Zeit nur wissen, dass er sich ungefähr tausend Lichtjahre entfernt befindet. Delta Cephei und Sterne, die mit ihm physikalisch verwandt sind und Cepheiden genannt werden, bilden die Basis für die Ent-fernungsmessung im Kosmos, und die Bestimmung seiner Entfernung hätte außerordentliche Folgen für das Verständnis des Universums.

400 bis 700 Nanometern einnimmt – 1000 Nanometer sind ein Mikrometer oder 1/1000 Millimeter. Auf der 700-Nanometer-Seite folgen das Infrarotlicht, dann die Mikro- und die Radiowellen. In der anderen Richtung, den immer kürzeren Wellenlängen nach, trifft man den Ultraviolett-Bereich und danach die Röntgen- und die Gammastrahlen. _____ Der Weltraum leuchtet nicht nur in den Farben des Regenbogens, sondern ebenso in den anderen Wellenskalen. Auf manchen Wellenlängen kann absolute Schwärze herrschen, auf anderen flammen Sterne oder Gaswolken. Kein Wunder also, dass die Astronomen mit viel Geschick die einzelnen Regionen des Spektrums abtasteten und für jede ein eigenes Arbeitsfeld begründeten. Allerdings lässt die Atmosphäre nur bestimmte Wellenlängen bis zum Boden durch, während andere verschluckt werden, so die Röntgen- und die Gammastrahlen oder der größte Teil des infraroten Spektrums. Hier hilft ebenfalls nur der Start von Teleskopsatelliten wie dem deutsche »ROSAT«, der von 1990 bis 1998 im Röntgenbereich operierte, oder »ISO« von der ESA, der von 1995 bis 1998 infrarotes Sternenlicht einfing. Außergewöhnlich erfolgreich war auch der »International Ultraviolet Explorer«, ein Joint Venture von NASA, ESA und Großbritannien, das von 1978 bis 1996 im Dienst der UV-Astronomie stand. _____ Natürlich umfasst Raumfahrt mehr als himmelskundliche Missionen, und ebenso ist klar, dass Astronomen ihre Hauptarbeit noch eine Zeit lang auf der Erde leisten werden. An der Schwelle des 21. Jahrhunderts spricht aber Einiges dafür, dass die nächste Revolution in der Astronomie aus Forschungsresultaten kommt, die allein im Weltraum gewonnen werden. Der Weltraum liegt direkt über uns, und die Astronomie ist die älteste und zugleich populärste Naturwissenschaft, offen für Gelehrte wie Amateure. Die Raumfahrt erfreut sich in den Industrienationen und in Schwellenländern wie Indien und Brasilien einer nicht unbeträchtlichen staatlichen Förderung und einer breiten und wohlinformierten Anhängerschaft. Science Fiction ist ein fester Posten in der Kulturgeschichte des Abendlandes und in den Marketingstrategien Hollywoods. Im 21. Jahrhundert, das scheint sicher, wird das Universum die Menschen mehr als je zuvor faszinieren, motivieren, inspirieren.

❶ 3/165 Modell des Radioteleskops des Heinrich-Hertz-Instituts in Berlin-Adlershof *Als letztes großes Instrument für die astronomische Forschung in Berlin wurde 1958 das Radioteleskop des Heinrich-Hertz-Instituts der Deutschen Akademie der Wissenschaften der DDR in Adlershof erbaut. Mit 36m Durchmesser war es damals das zweitgrößte Radioteleskop der Welt. Sein Parabolspiegel konnte allerdings nur um die Querachse geschwenkt werden, was die Einsatzmöglichkeiten einschränkte. 1974 wurde das Instrument demontiert.* Berlin-Brandenburgische Akademie der Wissenschaften ❷ 3/3 Erste Schmidt-Kamera, 1930 *Der Baltendeutsche Bernhard Schmidt (1879–1935) war einer der genialen Tüftler der Astronomiegeschichte. Im Jahre 1930 baute er in seiner Werkstatt in der Sternwarte Hamburg-Bergedorf die erste sogenannte Schmidt-Kamera, deren Optik die Himmelsfotografie revolutionierte. Die Kombination aus einem Kugelspiegel und einer Korrektionslinse lieferte große, verzerrungsfreie Bilder.* Universität Hamburg, Hamburger Sternwarte

❸ 3/2 Heliometer der Sternwarte der Universität Bonn, 1848

Die Münchner Optikwerkstatt Merz und Mahler lieferte 1848 der Sternwarte der Universität Bonn ein Heliometer, ein Linsenfernrohr für die Positionsbestimmung von Sternen, dessen Objektiv in zwei verschiebbare Hälften geteilt ist. Das Objektiv geht noch auf den berühmten Glastechniker Joseph von Fraunhofer (1787–1826) zurück. Mit Hilfe eines Heliometers der gleichen Firma und ähnlicher Bauart, das im Zweiten Weltkrieg zerstört wurde, ermittelte Friedrich Wilhelm Bessel (1784–1846) 1838 zum ersten Mal die Distanz eines Fixsterns – 61 Cygni – zur Erde. Sternwarte der Universität Bonn

❹ 3/1 Spiegelteleskop der Sternwarte der Universität Göttingen, 1786 *Der aus Hannover gebürtige und seit 1756 in England lebende Friedrich Wilhelm Herschel war nicht nur einer der bedeutendsten Astronomen der Wissenschaftsgeschichte (1781 Entdeckung des Planeten Neptun), sondern fertigte auch Spiegelteleskope, die zu den besten ihrer Zeit zählten. Das gezeigte Exemplar erwarb König George III., um es der Sternwarte der Universität Göttingen zu schenken; es wurde von Herschel 1786 persönlich dort aufgebaut. Das Rohr musste 1893 durch einen Nachbau ersetzt werden.* Universitäts-Sternwarte Göttingen

❹

❺

❸

❺ 3/127 Spiegelteleskop

Die Theorien von Isaac Newton (1643–1727) markieren den Beginn der modernen Physik und Astronomie. 1668, sechzig Jahre nach Erfindung des Linsenfernrohrs, schuf er das erste funktionierende Spiegelteleskop. Das abgebildete Instrument baute Newton vermutlich 1671 oder 1672 zusammen mit seinem Zimmergenossen John Wickins im Trinity College in Cambridge. Mit 25 cm Länge und etwa vierzigfacher Vergrößerung ist es das älteste erhaltene Spiegelteleskop überhaupt. London, The President and the Council of The Royal Society

f ü r e u r o p a s z u k u n f t —— PETER CREOLA

Wer heute über Zukunft nachdenkt, denkt auch über zukünftige Vergangenheit nach. Mögliche Zukünfte gibt es viele, zukünftige Vergangenheiten indes nur eine. Unter dem bunten Fächer von Zukunftsideen trifft die Evolution unerbittlich ihre Wahl, verdichtet sie für Momente zur Gegenwart und sondert sie als Vergangenheit wieder ab. Nur die zukünftige Vergangenheit wird zeigen, welche der heute gedachten Zukünfte die wahre war. _____ Beginnen wir darum den Versuch eines Blicks in die Raumfahrtzukunft mit einem Jahrhundertsprung zurück. An der Schwelle zum 20. Jahrhundert haben die Menschen den jahrtausendealten Traum vom Fliegen verwirklicht: Sie flogen zwar schon seit mehr als hundert Jahren im Ballon, doch erst Luftschiffe und später Motorflugzeuge erlaubten es, Ziele unabhängig von den Launen des Windes anzusteuern. Ein neues, revolutionäres Verkehrsmittel war geboren. Luftverkehrspropheten hatten Hochkonjunktur: Bewundert oder belächelt sahen sie riesige Zeppeline und mächtige Aeroplane voraus, die Dutzende von Passagieren transportieren und mittels Zwischenlandungen auf künstlichen Inseln im Ozean Kontinente verbinden würden. _____ Aber kein Einziger ahnte damals, was heute Luftverkehr ist: Fünfhundertplätzige Maschinen – jede einzelne länger als die Flugstrecke des ersten Motorflugzeugs – befördern mit tausend Stundenkilometern ihre Passagiere um die ganze Welt, zum Preis eines Wochenlohns und mit überragender Zuverlässigkeit und Sicherheit. In zehntausend Metern Höhe nippen die Fluggäste am Champagner, und die Statistik sagt uns, dass in jedem Moment, Tag und Nacht, rund zwei Millionen Menschen gleichzeitig in der Luft sind. Die Entwicklung des Flugzeugs zum Massentransportmittel war völlig unvorhersehbar, erstaunlicherweise auch nicht in der Mitte des Jahrhunderts, nachdem bereits fünfzig Jahre Luftverkehr vergangen waren. Was lernen wir daraus für die mögliche Zukunft der Raumfahrt? Zunächst das eine: Wie vor hundert Jahren in der Luftfahrt werden sich die heutigen Voraussagen zur Raumfahrt in einem Jahrhundert als kleinmütig und visionslos erweisen. Und: Im Jahr 2007, fünfzig Jahre nach dem Start des »Sputnik«, wird die Entwicklung der Raumfahrt im 21. Jahrhundert immer noch äußerst schwierig zu überblicken sein und, falls sich die Analogie zur Luftfahrt bewahrheitet, massiv unterschätzt werden. _____ Die europäische Weltraumorganisation ESA gründete 1993 ein Komitee für langfristige Weltraumpolitik, das vom Verfasser geleitet wurde, und in einem Zeitraum von sechs Jahren versuchten Experten aus den vierzehn ESA-Mitgliedstaaten – Wissenschafter, Industrielle, Weltraumadministratoren – einen gemeinsamen Blick in Europas Zukunft im Weltraum zu werfen. Ihre Schlussfolgerungen haben sie in zwei Berichten an die für Raumfahrt zuständigen Minister niedergelegt. Beide Berichte beginnen – wie könnte es anders sein – mit einer Rückschau auf Erreichtes und einer Bestandsaufnahme der Gegenwart. Die Visionen von einst sind zum Alltag von heute geworden. Wir alle wenden Tag für Tag Raumfahrttechnologie an und meist, ohne uns dessen bewusst zu sein. Wir tun es, wenn wir immer zuverlässigere und längerfristige Wetterprognosen verfolgen, wenn wir für Pfennige pro Minute um die Welt telefonieren, wenn wir mit dem GPS-Empfänger Boote steuern und über Berge wandern und natürlich auch, wenn wir unter hundert Fernsehprogrammen genüsslich das allerdümmste auswählen. Immer mehr Wirtschaftszweige nutzen Raumfahrtanwendungen und schaffen oder verbessern Produkte und Dienstleistungen, die uns als Konsumentinnen und Konsumenten zu Gute kommen. Der Gesamtbereich der wirtschaftlich relevanten Einsatzgebiete hat heute alle mit Steuergeldern getätigten Anfangsinvestitionen bereits mehr als zurückgezahlt. _____ Europa darf auf seine Taten im All stolz sein. Mit einem Bruchteil des finanziellen Gesamtaufwands der beiden kosmischen Supermächte hat es mit der Ariane-Raketenfamilie im Weltraumtransportgeschäft die Führung übernommen. In der Weltraumwissenschaft erbringt es Höchstleistungen. Zu erwähnen sind die Kometensonde »Giotto«, mit der erstmals ein Kometenkern fotografiert wurde, weiter der ultrapräzise Himmelvermessungssatellit »Hipparcos«, das Infrarotobservatorium ISO, leistungsmäßig dem »Hubble«-Weltraumteleskop der NASA vergleichbar, für das die ESA ebenfalls substanzielle technologische und wissenschaftliche Beiträge leistete, sowie das Sonnenobservatorium SOHO, das wesentliche neue Erkenntnisse über das grundlegende Funktionieren, aber auch die Veränderlichkeit unseres Zentralgestirns erbringt. _____ Im Bereich der Erdbeobachtung darf sich Europa zur Weltspitze zählen. Die französischen SPOT-Satelliten und die ESA-Trabanten ERS 1, ERS 2 und ENVISAT bilden ein Instrumentarium, mit dem natürliche und menschengeschaffene Vorgänge an der Erdoberfläche wahrnehmbar geworden sind, die unser Leben und unsere Zukunft beeinflussen. Der nimmermüde Satellit warnt vor Eisbergen, Flutwellen, Heuschreckenschwärmen und demnächst auch vor Erdbeben und Vulkanausbrüchen. Er

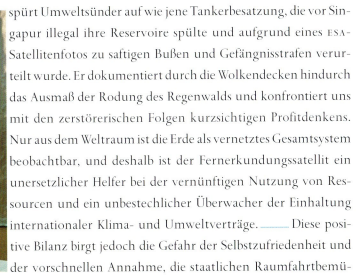

spürt Umweltsünder auf wie jene Tankerbesatzung, die vor Singapur illegal ihre Reservoire spülte und aufgrund eines ESA-Satellitenfotos zu saftigen Bußen und Gefängnisstrafen verurteilt wurde. Er dokumentiert durch die Wolkendecken hindurch das Ausmaß der Rodung des Regenwalds und konfrontiert uns mit den zerstörerischen Folgen kurzsichtigen Profitdenkens. Nur aus dem Weltraum ist die Erde als vernetztes Gesamtsystem beobachtbar, und deshalb ist der Fernerkundungssatellit ein unersetzlicher Helfer bei der vernünftigen Nutzung von Ressourcen und ein unbestechlicher Überwacher der Einhaltung internationaler Klima- und Umweltverträge. _____ Diese positive Bilanz birgt jedoch die Gefahr der Selbstzufriedenheit und der vorschnellen Annahme, die staatlichen Raumfahrtbemühungen herunterfahren und die weitere Entwicklung der Allmacht des Marktes überlassen zu müssen. Ein Blick über den Atlantik sollte uns eines Besseren belehren. In den USA sehen wir eine privatwirtschaftliche Dynamik am Werk, die auf Risikofreude und Machbarkeitsglauben beruht, aber gerade im Land, das als Urheimat freien Unternehmertums gilt, investiert die öffentliche Hand Jahr für Jahr mindestens fünfmal mehr öffentliche Mittel in die Raumfahrt als Europa. Diese massive Förderung sichert der US-Industrie eine breite Technologiebasis, einen riesigen geschützten Binnenmarkt und die volle Raumfahrtkapazität, also den ungehinderten Zugang zum Weltraum und die Fähigkeit zum Bau und Betrieb kompletter Satellitensysteme in allen Schlüsselbereichen. _____

3/95 Ingenieurmodell des Satelliten »TEMISAT« im Maßstab 1:1 »TEMISAT« alias »Telespazio Micro Satellite« war ein kleiner Nachrichtensatellit, den die Münchner Kaiser Threde GmbH 1992/93 für die italienische Firma Telespazio baute. Er gelangte am 31. August 1993 mit einer russischen Rakete auf eine niedrige Erdumlaufbahn. München, Kayser-Threde GmbH

Europa fällt dagegen in entscheidenden Anwendungen zurück. Ein Paradebeispiel ist die Satellitennavigation, bei der Europa völlig vom militärischen GPS-System der USA abhängig wurde. Die Versuchung ist groß, da man dieses System gratis benutzen kann. Wer sich aber darauf verlässt, übersieht die Nachteile: Der Systembetreiber setzt den Benutzerstandard, sichert sich den Gerätemarkt und kann in Krisenzeiten den Dienst selektiv einschränken. Der zweite Bericht des ESA-Langzeitkomitees sieht die Eigenständigkeit in allen strategisch wichtigen Raumfahrtbereichen als erste Herausforderung des neuen Jahrhunderts an. Eigenständigkeit heißt dabei nicht Abschottung, im Gegenteil: Nur wer selbst über die Grundkompetenz in allen Bereichen verfügt, kann gleichberechtigter Partner in interkontinentaler Zusammenarbeit sein. _____ Die nächste Herausforderung betrifft das »planetare Management«: Trotz aller Fortschritte der Satelliten-Fernerkundung verstehen wir das Funktionieren des Raumschiffs Erde noch nicht völlig. Natürliche und menschengeschaffene Gefahren bedrohen das irdische Ökosystems und rufen nach verstärkter Förderung der Raumfahrttechnologie in den Bereichen Klima- und Umweltüberwachung, Frühwarnung vor Naturkatastrophen, Schutz vor Sonnenstürmen und -eruptionen, Vermeidung von Weltraumschrott und Frühwarnung vor Asteroideneinschlägen. Der Bericht erinnert daran, dass alle hundert bis dreihundert Jahre Asteroiden auf die Erde treffen, die eine Großstadt auslöschen können. _____

❶ **Kern des Kometen Halley** *Die ESA-Sonde »Giotto« lieferte 1986 die ersten Nahaufnahmen des berühmten Schweifsterns. Die Kamera wurde vom Max-Planck-Institut für Aeronomie in Katlenburg-Lindau gebaut.* Foto: ESA
❷ **3/5 1:4-Modell von »Rosetta«** *Die ESA-Kometensonde soll 2003 mit einer »Ariane 5«-Rakete zum Kometen Wirtanen starten, ihn nach der Ankunft im Jahr 2012 umkreisen und auf dem Kometenkern ein Landegerät absetzen mit dem Ziel, die dortige Materie zu analysieren.* Noordwijk, European Space Agency, European Space Research and Technology Centre

❶

Die größte Herausforderung des nächsten Jahrhunderts ist indes, geschätzte zehn Milliarden Menschen auf einem annehmbaren Lebensniveau zu erhalten, zu versorgen, zu bilden und zu beschäftigen, dabei den ökologischen Kollaps zu vermeiden sowie Demokratie, Frieden und Sicherheit zu fördern. Man braucht eine kräftige Dosis Grundvertrauen in die Zukunft und die menschliche Vernunft, um dieses Ziel für erreichbar zu halten. Es geht aber um nicht weniger als die Überlebensfähigkeit unserer modernen Zivilisation. Das neue Jahrtausend wird zeigen, ob diese weltweite, auf individueller Freiheit und Entfaltung, auf Wissenschaft und Technologie beruhende Errungenschaft des Menschen längerfristig stabil bleibt. _____ Bevölkerungszahl und Pro-Kopf-Verbrauch von Naturgütern und Energie können auf der Erde, deren Masse weniger als ein Prozent der Planeten des Sonnensystems ausmacht, nicht stetig ansteigen. Ein jährliches Wirtschaftswachstum von fünf Prozent, das viele Ökonomen als Grundvoraussetzung für das Erreichen der erwähnten Ziele ansehen, würde am Ende des 21. Jahrhunderts zum hundertdreißigfachen Ausstoß und Verbrauch von Gütern führen, am Ende des 22. Jahrhunderts gar zum 17 000-fachen. Vielleicht, so stellt der ESA-Langzeitbericht fest, ist die intelligente Nutzung von Weltraumressourcen, also das Gewinnen von Rohstoffen und Energie im Weltraum, das fehlende Glied zwischen unserem Streben nach Wohlstand und Wohlbefinden und der Notwendigkeit, das Kronjuwel unseres Sonnensystems, unseren Heimatplaneten Erde, vor der Verwüstung zu bewahren. Diese Idee hat eine Gruppe von Raumfahrtvisionären, die allerdings im ESA-Langzeitkomitee nicht direkt vertreten war, zu dem Postulat geführt: Macht die Erde zum Garten und verlagert die Industrie in den Weltraum! Eine Vision? Eine mögliche Zukunft? Erst die zukünftige Vergangenheit wird es erweisen. Soviel steht aber fest: Ohne Visionen verlieren wir jeden Glauben an die Zukunft, verfallen in Lethargie und Stagnation und unterliegen all jenen, deren Mut zur Zukunft ungebrochen ist. _____ Auch hier ist ein Blick in eine ehemalige Zukunft lehrreich: In der ersten Hälfte des 15. Jahrhunderts besaß China eine Flotte von 3500 Hochseeschiffen, die den Karavellen des Columbus in jeder Hinsicht überlegen waren. Handelsrouten nach Indien, Japan, Arabien und Afrika wurden eröffnet, die Entdeckung Amerikas stand vermutlich bevor. Doch als Folge interner Machtkämpfe und massiver Staatsdefizite wurde die Hochseeflotte als zu teuer befunden und ihr längerfristiger Nutzen verneint, da China ja ohnehin der Mittelpunkt der Welt war. Der Bau von Hochseeschiffen wurde unter Todesstrafe verboten. Das Land verlor binnen weniger Jahrzehnte seinen technologischen Vorsprung und fiel in einen selbstverschuldeten Zustand der Isolation und der Unterlegenheit. _____ Wird Raumfahrteuropa aus dem chinesischen Beispiel lernen? Die Zukunft wird es zeigen!

einer zeitmaschine____ CLAUS MADSEN

Sie sehen aus wie Monster: Riesenaugen von gabelähnlichen Halterungen getragen. Fast lautlos verfolgen sie die Sterne bei ihrem nächtlichen Gang über das Himmelsgewölbe, auf der Jagd nach ebenso seltsamer wie winziger Beute: Photonen, Lichtteilchen aus der Tiefe des Universums. ____ Lange sind sie unterwegs, diese Photonen. Viele haben ihre Reise durch das All angetreten, schon bevor die Erde entstand. Einige der superschnellen Teilchen werden auf die Riesenaugen treffen, wobei sich ihre Energie, so klein sie auch sein mag, in elektrische Signale umwandelt, die es Forschern erlauben, erstaunliche Resultate zu gewinnen. Zum Beispiel, wie lange die Photonen unterwegs waren, wie sie erzeugt wurden und was ihnen alles während ihrer Reise zustieß. Denn astronomische Teleskope, die Riesenaugen der Wissenschaftler, sind wahre Zeitmaschinen, die uns Einblicke in die frühesten Epochen des Universums erlauben. Zugleich sind sie Ausdruck der besten Technologie, die der Forschung jemals zur Verfügung stand auf der Suche nach Antworten auf die ältesten Fragen der Menschheit: Wie groß ist das Universum? Was wird seine Zukunft sein? Wie sind die Sterne und die Planeten entstanden? Gibt es Planeten außerhalb des Sonnensystems oder gar Leben? ____ Fast immer bleiben den Himmelskundlern Untersuchungen in situ – vor Ort sozusagen – verwehrt, und so müssen sie mit den Möglichkeiten und Grenzen der Fernbeobachtung leben. Die Abhängigkeit vom Teleskop führt zu einer engen Bindung zwischen technologischem Fortschritt und wissenschaftlicher Arbeit, und so ist die Astronomie nicht nur ein wichtiges Gebiet der Grundlagenforschung, sondern auch ein bedeutender Technologietreiber. An der Schwelle zum dritten Jahrtausend trägt diese beispielhafte Symbiose zwischen Forschung und Technologie dazu bei, dass mit Inbetriebnahme einer Reihe neuer Teleskope die Erkenntnisse über den Kosmos, in dem wir leben, entscheidend erweitert werden. ____ Innovative technologische Konzepte ermöglichten den Bau neuer Riesenteleskope mit Primärspiegeln von acht bis zehn Metern Durchmesser. Das erste Teleskop der neuen Generation war das Keck-Teleskop am Mauna Kea auf Hawaii mit seinem Zehn-Meter-Spiegel, gefolgt vom japanischen Subaru-Teleskop und für ein hauptsächlich amerikanisch-britisch-australisches Konsortium die beiden Gemini-Fernrohre auf Hawaii und in Chile. ____ Chile ist auch Standort des größten und leistungsfähigsten Observatoriums, das am Anfang des neuen Jahrtausends den vollen Betrieb aufnimmt: das *Very Large Telescope* (VLT) der Europäischen Südsternwarte ESO auf dem 2600 Meter hohen Berg Paranal in der Atacama-Wüste. Als Primus inter pares besteht das VLT aus vier monolithischen, also jeweils aus einem Block geschliffenen 8,2-Meter-Spiegeln, die insgesamt eine Lichtsammelfläche von 211 Quadratmetern bieten. Die Teleskope können zusammengeschaltet werden, und auf Grund der speziellen Anordnung und des Einsatzes von maximal drei Zusatzteleskopen mit 1,8-Meter-Spiegeln bildet das VLT ein gigantisches Interferometer, das eine mit einem 200-Meter-Teleskop vergleichbare Auflösung bietet. ____ Seit mehr als hundert Jahren sind die Möglichkeiten der Interferometrie bekannt: Auf diesem Gebiet geht es im Wesentlichen darum, die Überlagerungen von Lichtwellen zu analysieren. Dem Einsatz in der Astronomie und der Nutzung der Interferometrie zur Bilderzeugung standen allerdings große technische Probleme im Wege. Seit den siebziger Jahren versuchen die Instrumentenbauer, die optische Interferometrie in den Griff zu bekommen, und das ESO-VLT stellt den bislang ambitioniertesten Versuch dar, die Technik im visuellen Bereich zu nutzen. _____ Die Kombination von Lichtsammelfläche und Bildschärfe erlaubt es, die großen Fragen der Astronomie in einer Weise anzugehen, die bisher unmöglich war, und dabei steigt nicht nur die Zahl der Entdeckungen, sondern auch das Tempo, in dem neue, entscheidende Resultate gewonnen werden. Die Astronomen und Astrophysiker legen den fünften Gang ein und bestätigen wieder das Statement des ehemaligen Direktor des amerikanischen National Air and Space Museum, Martin Harwit: »Die wichtigsten Entdeckungen resultieren aus substanziellen, technologischen Innovationen in der beobachtenden Astronomie«. _____ Das wird auch in Zukunft so sein. Und es gibt bereits Pläne in den Vereinigten Staaten, ein optisches Teleskop mit einem Dreißig-Meter-Spiegel zu bauen, mit Geldern aus der High-Tech-Industrie. Die Bereitschaft, die notwendigen finanziellen Mittel zur Verfügung zu stellen, zeugt davon, dass die Astronomie nach wie vor ein hohes Ansehen genießt, als Disziplin der notwendigen Grundlagenforschung wie als Technologietreiber. _____ Aber auch die Forscher Europas schmieden Pläne. Mit dem VLT sind sie – zum ersten Mal seit dem Ersten Weltkrieg – mit ihren amerikanischen Kollegen gleichgezogen, ja, sie haben sie zum Teil überholt. Damit der lange und teuer erkaufte Vorsprung Bestand hat, denken die Teleskopbauer Europas über ein Projekt nach, das unter dem Kürzel OWL – wörtlich übersetzt »Eule« – bekannt wurde.

OWL ist in der Tat eine passende Abkürzung, steht sie doch für *Overwhelmingly Large Telescope*, überwältigend großes Teleskop. Und das scheint ein eher bescheidener Name zu sein für ein Fernrohr, das einen Primärspiegel von 100 Metern Durchmesser bekommen soll. Ähnlich wie beim Keck-Teleskop soll der Spiegel des OWL aus Segmenten zusammengesetzt werden, insgesamt zweitausend Stück, festgehalten in einer Gitterkonstruktion in der Größenordnung des Eiffelturms. Die Bauzeit wird mit sieben bis zehn Jahren veranschlagt, die Kosten werden aber angesichts der erwarteten Leistung verhältnismäßig niedrig sein, nicht zuletzt dank des konsequenten Einsatzes modernster Technologie. _____ Mit dem Fortschritt der optischen Astronomie wächst der Bedarf nach Geräten, die andere Wellenlängen des Spektrums in ähnlicher Qualität wie die des sichtbaren Lichts abdecken. Auf dem Feld der Millimeter-Astronomie, die sich dem Studium des »Kalten Universums« widmet, also der Entstehung von Planeten, der Chemie der interstellaren Molekülwolken, ebenso den frühesten Galaxien im Universum, wird zur Zeit ein neues Großprojekt geplant. ALMA heißt das »Wunderkind«: Das Akronym steht für *Atacama Large Millimeter Array*. Die Anlage soll bis zu 64 Teleskope umfassen und für Beobachtungen im Wellenlängenbereich bis hinunter zu 0,3 mm eingesetzt werden. ALMA soll auf dem 5000 Meter hohen Chajnantor-Plateau in der chilenischen Atacama-Wüste gebaut werden. Der große Vorteil dieses Ortes liegt

❶ Observatorium La Silla *Teleskop-Gebäude der Europäischen Südsternwarte ESO in Chile, aufgenommen um 1980. Foto: ESO* **❷ Teleskop-Einheit des VLT** *Das erste Fernrohr des ›Very Large Telescope‹ wurde am 5. März 1999 eingeweiht und erhielt den Namen »Antu«, was in der Sprache der chilenischen Mapuche-Indianern »Sonne« bedeutet. Foto: ESO*

darin, dass die darüberliegende Atmosphäre nur ein Minimum an Wasserdampf enthält, der die Beobachtungen stören könnte. Die 64 Teleskope lassen sich zusammenschalten, und da sie außerdem fahrbar sind, kann man die Konfiguration nach Bedarf ändern. Mit Basislinien bis zu zehn Kilometern wird man eine extrem hohe Bildauflösung erreichen. Das wäre dann das leistungsfähigste (Sub-)Millimeterteleskop der Welt – ein Gegenstück zum ESO-VLT. _____ Eröffnet das Projekt, das im ersten Jahrzehnt des neuen Jahrhunderts realisiert werden soll, zum einen bislang ungeahnte Möglichkeiten für die astronomische Forschung, so stellt es zum anderen ein »politisches« Novum dar: ALMA ist ein Gemeinschaftsprojekt von Europa und Amerika, mit beiden Kontinenten als ebenbürtigen Partnern. Gleichzeitig haben zum Beispiel japanische Forscher ihr Interesse bekundet, und so könnte es das erste globale Astronomieprojekt werden. Die europäische Beteiligung konzentriert sich auf die ESO und eine Reihe nationaler Forschungseinrichtungen und Organisationen, wie die deutsche Max-Planck-Gesellschaft. _____ Ohne Zweifel geht die erdgebundene Astronomie einer Renaissance entgegen. Aber auch Observatorien in der Stratosphäre werden in die Tiefe des Alls spähen, wie etwa SOFIA *(Stratospheric Observatory for Infrared Astronomy)*, ein Infrarot-Teleskop der amerikanischen Raumfahrtbehörde NASA und des Deutschen Zentrums für Luft- und Raumfahrt DLR, das schon in wenigen Jahren von einem hochfliegenden Jumbo Jet seinen Dienst aufnehmen soll. Ebenso sind weltraumgestützte Teleskope geplant, so zum Beispiel NGST, das *Next Generation Space Telescope* der NASA. Dieses wird mit einem ultraleichten Acht-Meter-Hauptspiegel versehen sowie mit Kameras und Spektrometern für den Spektralbereich vom ultravioletten über das sichtbare bis zum infraroten Licht. Das NGST soll im sogenanntem Zweiten Lagrange-Punkt stationiert werden, um von dort aus seine Beobachtungen zu machen. In dieser Position befindet es sich auf einer Umlaufbahn um die Sonne und stabil relativ zur Erde – Sonne, Erde und der Zweite Lagrange-Punkt liegen exakt auf einer Linie. Über die Welt-

❶ ❷

raumbehörde ESA ist Europa mit einer Beteiligung von etwa 200 Millionen Euro dabei. Anfang 2008 hofft die NASA das Teleskop ins All zu befördern. _____ Etwa zur gleichen Zeit würde auch die *Constellation X-Ray Mission* erfolgen. Mit diesem neuen Röntgenteleskop, Nachfolger erfolgreicher bzw. noch laufender Missionen wie »ROSAT« oder »Chandra«, sollen hochaufgelöste Spektraluntersuchungen gemacht werden, vergleichbar mit denen im optischen Bereich. Dabei geht es unter anderem um das Studium von schwarzen Löchern in aktiven Galaxienkernen, um die physikalischen Abläufe bei Supernovae sowie um die Mechanismen, die Sternenkoronae aufheizen und Sonnenwinde antreiben. Das Universum ist nach wie vor das größte Physiklabor, das wir kennen, und ein besseres Verständnis kann nur dadurch erreicht werden, wenn wir Beobachtungen in der gesamten Bandbreite der elektromagnetischen Strahlung anstellen. _____ Es gibt also eine Fülle von Zukunftsprojekten in der Astronomie, große und kleine, teils auf der Erde, weil es besser und billiger ist, dort zu beobachten, teils im Weltraum, weil die Einrichtungen nur dort funktionieren können. Dazu gehören Interferometer auf Satelliten oder Observatorien auf der Rückseite des Mondes. Einige Astronomen wollen sogar riesige Zeppeline als Teleskop-Plattformen nutzen. Sicher ist, dass uns die Technologie von heute enorme Chancen bietet, das Wissen über das Universum zu vertiefen. Genauso sicher scheint es, dass unser Streben nach eben diesem Wissen die innovative Fähigkeiten von Forschern und Technikern weiterhin stimulieren wird.

❶ **Grafik der Teleskop-Anlage ALMA** Foto: ESO ❷ **Flugzeugobservatorium SOFIA** Das »Stratosphärenobservatorium für Infrarot-Astronomie« ist ein Projekt von NASA und DLR. Es umfasst ein 2,5-m-Spiegelfernrohr in einem Jumbo-Jet, der ab 2002 fliegen soll. Foto: DLR ❸ 3/39 **Raumstation nach Wernher von Braun, Erik Theodor Lässig, um 1953** Leihgabe des Künstlers ❹ 3/16 **Terraforming, Ralf Schoofs** Leihgabe des Künstlers ❺ 3/10 **Ideale Mondlandschaft, Wilhelm Kranz, 1919** Wilhelm Kranz war als Grafiker und Kunstmaler für die 1888 in Berlin gegründete Gesellschaft Urania tätig, die die Naturwissenschaften popularisierte, und fertigte u.a. Kulissen für ihr Theater an. Die »Ideale Mondlandschaft« wurde für das Deutsche Museum gemalt. München, Deutsches Museum ❻ 3/34 **Blick ins Innere eines Mondautos, Erik Theodor Lässig, um 1959** 1959 beschrieb der Raumfahrtpionier Hermann Oberth (1894–1989) in dem Buch »Das Mondauto« ein ungewöhnliches Langstrecken-Fahrzeug. Das Auto wäre im Original fast 25 Meter hoch und in der Lage gewesen, bis zu einem Kilometer weite Sprünge auszuführen. Leihgabe des Künstlers ❼ 3/27_a **Raumstation aus einem Walt-Disney-Trickfilm** 1955 und 1957 produzierten die Disney-Studios für eine Million Dollar drei Weltraumfilme, die mit großem Erfolg im US-Fernsehen liefen: »Man in Space«, »Man and the Moon« und »Mars and Beyond«. Sie verbanden Zeichentrick-Sequenzen mit Auftritten von Experten wie Wernher von Braun, Heinz Haber und Willy Ley. Münchner Stadtmuseum, Puppentheatermuseum

❶ **3/21 Three Stage Rocket, Rolf Klep** *Diese Ansicht einer Großrakete erschien in der amerikanischen Illustrierten ›Collier's‹, die ab März 1952 eine Serie von visionären Beiträgen, u.a. von Wernher von Braun, über den Flug ins All abdruckte.* Washington, National Air and Space Museum, Smithsonian Institution

❷ **3/26_a, 3/27_b Disney-Weltraumgrafiken** *Das rechte Bild zeigt einen Astronauten in einer geflügelten Raumfähre, das linke vermutlich eine Landschaft auf dem Planeten Merkur.* Münchner Stadtmuseum, Puppentheatermuseum

❸ **3/14 Modell der Mondstadt »Escargot City« (Schneckenstadt)** Kanagawa, Nishimatsu Construction Co. Ltd.

❶

❷
❸

❶
❷

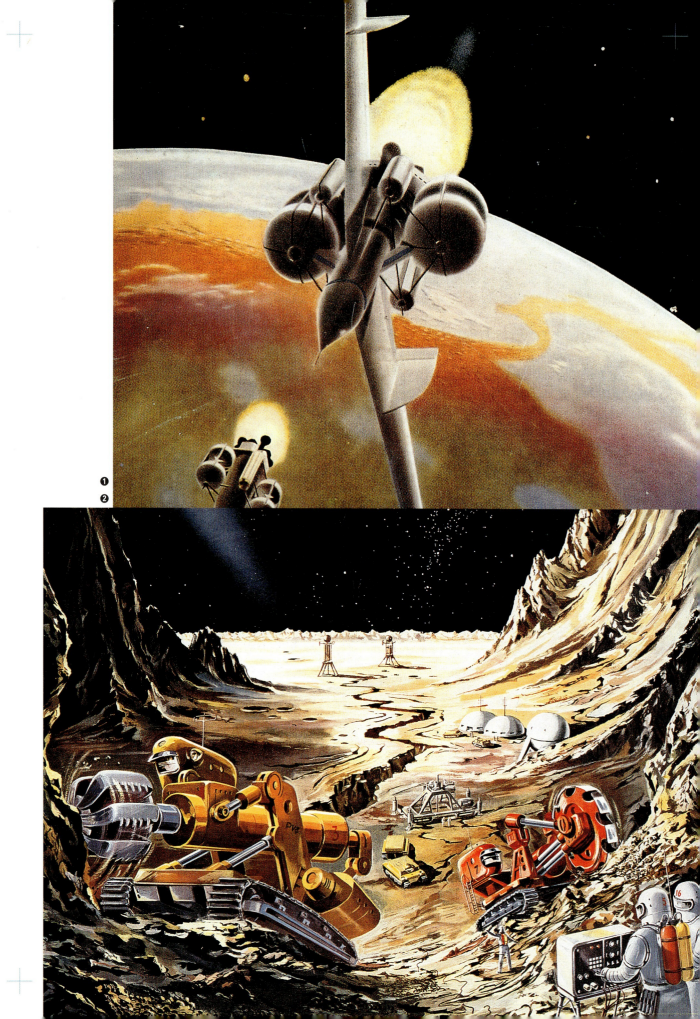

1 3/23 Raumschiffstart zum Mars, Chesley Bonestell
Die ›Collier's‹-Serie von 1952 inspirierte mehrere populärwissenschaftliche Sachbücher, z.B. ›The Exploration of Mars‹ von Willy Ley (1906–1969) und Wernher von Braun, das 1957 auch in Deutschland erschien (›Die Erforschung des Mars‹). Berlin, Sammlung Ralf Bülow

2 3/35 Die Eroberung des Mondes, Klaus Bürgle
Ausklapptafel für das Jahrbuch ›Das Neue Universum‹ von 1956. Leihgabe des Künstlers

3 3/82 Weltraum-Spielzeugroboter aus Japan, um 1970
Berlin, Sammlung Ralf Bülow

3 **1**

ICH BIN DER ÜBERZEUGUNG, DASS SICH DIESES LAND DAS ZIEL SETZEN SOLLTE, VOR ABLAUF DES JAHRZEHNTS EINEN MENSCHEN AUF DEM MOND ZU LANDEN UND WIEDER HEIL ZUR ERDE ZURÜCKZUBRINGEN.

— JOHN F. KENNEDY

GOOD LUCK, MR. GORSKY!

— NEIL ARMSTRONG

02 _ ein haus im mond)

❷

RALF BÜLOW _____

❶ 3/26_b Arbeiten in der Schwerelosigkeit *Eine weitere Grafik zu den Filmen der Disney-Weltraumserie.* Münchner Stadtmuseum, Puppentheatermuseum
❷ 3/88 »Moon Detector« *Kinderspielzeug der japanischen Firma Yonezawa Toys aus den sechziger Jahren.* Haus der Geschichte, Bonn

Raumfahrt-Phantasien gibt es seit dem 2. Jahrhundert n. Chr., als Lukian von Samosata eine *Wahre Geschichte* über die Welten des antiken Kosmos und ihre Bewohner schrieb. Im Jahre 1865 stellte Jules Verne in seinem Roman *De la terre à la lune* zum ersten Mal eine wissenschaftlich durchdachte Startmethode vor, die freilich für die betroffenen Astronauten mit Sicherheit tödlich gewesen wäre. Immerhin verfehlte er bei seiner Wahl eines Bauplatzes für das Abschussgerät, die Superkanone »Columbiade«, den späteren Weltraumbahnhof Cape Canaveral nur knapp. Erst die Idee, die aus der Feuerwerks- und der Waffentechnik bekannte Rakete heranzuziehen, ließ Raumfahrt realisierbar erscheinen, ein Gedanke übrigens, den schon Cyrano de Bergerac im 17. Jahrhundert in seiner *Histoire comique des états et empires de la lune et du soleil* (»Lustige Geschichte von den Staaten und Reichen der Erde und der Sonne«) vorwegnahm. Am Ende der zwanziger Jahre des 20. Jahrhunderts waren die theoretischen Grundlagen gelegt, und Enthusiasten in den USA und Europa begannen, Raketenmotoren zu basteln, die in der Zukunft zu kosmischen Fluggeräten führen sollten. _____ In den Pionierjahren bis etwa 1933 galt Raumfahrt als Raum-Fahrt, das heißt wie See- und Luftfahrt als Aktion von

❶ 3/19 Raketenmodell für
›Die gefrorenen Blitze‹
*Der Spielfilm wurde 1967 von
der DEFA produziert und schilderte den Kampf gegen die Pro-
duktion der nazideutschen »Wun-
derwaffe« V2.* Filmmuseum
Potsdam
❷ 3/25 Wernher von Braun,
1955 auf der Titelseite des
SPIEGEL Berlin, Sammlung
Ralf Bülow

Menschen an Bord eines Raumfahrzeugs. Mit anderen Worten: Raumfahrt war identisch mit *bemannter* Raumfahrt. Zweitens hatte sie in der Regel ein Ziel draußen im Kosmos. Zwar gab es schon in den zwanziger Jahren Entwürfe von bewohnten erdumkreisenden Stationen, doch wichtig war nicht der Flug im Raum, sondern durch den Raum hindurch zum Mond, zum Mars oder zu einem anderen Himmelskörper. Der orbitale Satellit ist eine Erfindung der Nachkriegszeit. _____ Die Technikentwicklung hat sich von den Träumen der zwanziger Jahre schnell verabschiedet. Die A4, Mutter aller Großraketen, wurde vom deutschen Heer als Verlängerung der Artillerie konstruiert; 1942 zum ersten Mal gestartet, wurde sie 1944/45 als »Vergeltungswaffe« V2 gegen London und Antwerpen eingesetzt. Nach Kriegsende übernahm die U.S. Army Techniker und Ingenieure, die in der Heeresversuchsanstalt Peenemünde an A4 und »Wasserfall«-Rakete gearbeitet hatten, allen voran den Technischen Direktor Wernher von Braun (1912 – 1977). Außerdem verbrachte man siebzig V2 aus der unterirdischen Produktionsstätte bei Nordhausen, wo sie von KZ-Häftlingen unter unmenschlichen Arbeitsbedingungen hergestellt worden waren, zu Forschungszwecken in die Vereinigten Staaten. Die Fotos der schlanken Raketen in der Wüste von New Mexico prägten die Ikonografie der Raumfahrt bis in die sechziger Jahre hinein. _____ Das deutsche *rocket team* hatte einen gewichtigen Anteil an den Raumfahrterfolgen der USA, dem Start des ersten amerikanische Satelliten »Explorer I« 1958 und dem Bau der Saturn-Mondrakete in den Sechzigern. Darüber hinaus produzierten Wernher von Braun und sein Umkreis – zu nennen sind Krafft A. Ehricke, Heinz Haber, Ernst Stuhlinger sowie der schon vor dem Krieg emigrierte Wissenschaftsautor Willy Ley – ein Bündel visionärer Ideen, die das Paradigma der Pionierzeit wieder aufnahmen und einen Masterplan der bemannten Raumfahrt verkörperten. Er wurde seit den frühen fünfziger Jahren in Zeitschriften, Zeitungen, Sachbüchern, Romanen und Filmen verbreitet und hatte in den USA – anhand von Auflagenhöhen und Zuschauerzahlen belegbar – einen erheblichen Einfluss auf die öffentliche Wahrnehmung und die Akzeptanz der Raumfahrttechnik. _____ Nach dem Masterplan ist der grundlegende Schritt der Bau einer großen ringförmigen Raumstation, die um die Erde kreist und diverse zivile und militärische Aufgaben erfüllt. Sie dreht sich um ihre Achse, und die entstehende Zentrifugalkraft ersetzt für die Crew im Innern des Rings die Schwerkraft. Zwischen Erde und Raumstation existiert ein Raketen-Pendelverkehr. Jeweils nach dem Start kehren die beiden Unterstufen einer Rakete, wenn der Treibstoff verbraucht ist, am Fallschirm zur Erde zurück; die geflügelte Oberstufe trägt Passagiere und Lasten zur Raumstation und nimmt von dort welche zur Erde mit. Dank ihrer Konstruktion kann sie wie ein Flugzeug landen. _____ Die Raumstation ist zweitens Ausgangspunkt für bemannte Flüge zum Mond und zurück, zunächst zwecks Umkreisung, schließlich, um zu landen und eine Siedlung aufzubauen. Drittens werden in unmittelbarer Nähe der Station Raumschiffe montiert, die zum Mars aufbrechen. Die Reise verläuft so, dass die Schiffe nach der Überfahrt in eine Kreisbahn um den Planeten einschwenken und mutige Männer mit speziellen Flügelraketen, die von der Erde mitgebracht wurden, auf dem Mars landen. Nach einem Jahr Forschungsarbeit werden die Flügel abmontiert, die Raketen senkrecht aufgestellt. Man startet zurück zu den in der Kreisbahn wartenden Raumschiffen, und mit diesen geht es wieder heim zur Erde. _____ Man erkennt sofort, dass die reale Raumfahrtgeschichte ein wenig anders verlief. Die bemannten Flüge zum Mond von 1968 bis 1972 fanden ohne Raumstation statt, und die in den siebziger und achtziger Jahren montierten Stationen waren eher tonnen- als ringförmig und ohne künstliche Schwerkraft. Das gilt auch für die derzeit realisierte »International Space Station« ISS. Und von einer Marsexpedition sind

KZ-Häftlinge im Mittelwerk *Vermutlich im Sommer 1944 nahm der Kameramann und Fotograf Walter Frentz Farbbilder der unterirdischen Raketenproduktion auf, die erst 1998 wiederentdeckt wurden. Foto: Ullstein Bilderdienst*

V 2 ___ Im Zweiten Weltkrieg entwickelten deutsche Ingenieure und Techniker, die auf der Gehaltsliste der Wehrmacht standen, die mit Alkohol und flüssigem Sauerstoff angetriebene Großrakete A4, die der Raumfahrt folgender Jahrzehnte einen entscheidenden Impuls gab. Unter der propagandistischen Bezeichnung V2 (»Vergeltungswaffe«) wurden 1944/45 mehrere tausend dieser Raketen auf London, Antwerpen und andere Städte abgefeuert. Der Einsatz geschah unter dem Kommando der SS; er war militärisch sinnlos und überdies verbrecherisch, weil mangels Treffsicherheit die Rakete nur für Angriffe gegen die Zivilbevölkerung taugte. ___ Während die Entwicklung, die ersten Flugtests sowie eine Vorserienfertigung in der Heeresversuchsanstalt Peenemünde auf der Insel Usedom abliefen, wurde die Mehrzahl der Raketen im unterirdischen Mittelwerk bei Nordhausen im Harz produziert. Die »Mittelwerk GmbH« war ein Gemeinschaftsunternehmen des Reichsministeriums für Rüstung und Kriegsproduktion und der SS, die für den Bau des Werks und für die Raketenfertigung KZ-Häftlinge bereitstellte. Diese kamen zunächst aus Buchenwald; später errichtete man neben den Stollen das Barackenlager »Dora«, das im November 1944 als KZ Mittelbau registriert wurde. ___ Von 1943 bis 1945 lebten in »Dora« und seinen Nebenlagern insgesamt 60000 Häftlinge, von denen bis zu 20000 den barbarischen Lebens- und Arbeitsbedingungen sowie den Gewalttaten der deutschen Wachmannschaften zum Opfer fielen. Nach Kriegsende blieben die Fertigungsanlagen bis zum Oktober 1946 in Betrieb, diesmal unter sowjetischer Leitung. Später wurde in Nordhausen eine Mahn- und Gedenkstätte eingerichtet, die heutige KZ-Gedenkstätte Mittelbau-Dora.

wir zwei Jahrzehnte entfernt, wenn nicht mehr. Die Visionäre von damals unterschätzten zudem die technischen Fortschritte bei automatischen Satelliten und Planetensonden – sie schrieben ja zu einer Zeit, als Computer so groß wie Kleiderschränke waren. ___ In einem Aspekt unterschied sich ihre Situation jedoch nur wenig von der heutigen: In den frühen Fünfzigern ahnte niemand die Gelder, die der »Wettlauf zum Mond« zwischen den USA und der Sowjetunion bereitstellen würde und die zumindest einen Punkt des Masterplans Wirklichkeit werden ließen. Ganz analog wissen auch wir nicht, was das 21. Jahrhundert an positiven Entwicklungen und Entscheidungen bringen wird. Allerdings: Eine Situation wie 1961, als Präsident Kennedy sein Land aufrief, einen Mann zum Mond zu schicken, und dieser Aufruf erhört wurde, kommt so schnell nicht wieder. ___ Im Jahr 2000 wirken die Pläne von Wernher von Braun und anderen erstaunlich frisch, was nicht zuletzt an den ausgezeichneten Grafikern liegt, die sie illustrierten: Chesley Bonestell, Fred Freeman, Rolf Klep und in Deutschland Erik Theodor Lässig und Klaus Bürgle. Die technischen Ideen gelten im Grundsatz ebenfalls noch. Eine große Raumstation wird letzten Endes künstliche Schwerkraft benötigen, und ein regelmäßiger Verkehr zwischen Erde und Mond kommt nicht ohne Zwischenstopp im Weltraum aus. Allein bei Marsflügen ergaben sich gegenüber den fünfziger Jahren Änderungen. Zum einen kann man auf dem Roten Planeten nicht mit geflügelten Raketen landen – die Atmosphäre ist viel dünner als damals angenommen –, zum anderen wird diskutiert, aus dem Kohlendioxid der Marsluft durch einen chemischen Prozess Raketentreibstoff zu gewinnen, was die Last, die ein Raumschiff von der Erde heranschleppen muss, sehr verringern würde. ___ Es ist also Zeit für einen revidierten Masterplan, der die politischen Bedingungen, das gesellschaftliche Umfeld und die Fortschritte der Raumfahrttechnik berücksichtigt. Dabei muss er älteren Konzepten gegenüber aufgeschlossen bleiben, zum Beispiel der senkrecht startenden Großrakete mit mehreren Stufen. Unter diesem Aspekt ist das »Neptun(e)«-System für den Verkehr zwischen Erde und Mond zu sehen, an dem Heinz-Hermann Koelle seit 1967 arbeitet. Es wird Aufgabe des 21. Jahrhunderts sein, mit solchen Ansätzen den Spalt zu überbrücken, der noch immer zwischen Vision und Realität klafft. ___ Mit der heute bekannten chemischen und nuklearen Triebwerkstechnik stehen der Raumfahrt – das heißt der bemannten Raumfahrt – im Prinzip drei Regionen offen. Erstens die irdische Nachbarschaft, wo orbitale Raumstatio-

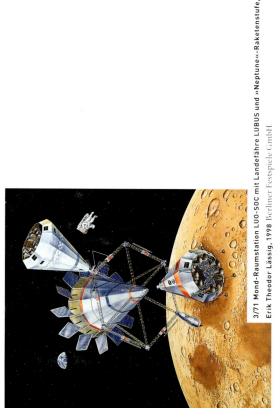

nen montiert werden: Als Nachfolgerin der im Bau befindlichen ISS empfiehlt sich eine Ring-Station mit künstlicher Schwerkraft. Zweites Ziel wäre die Errichtung einer Mondstation oder Mondsiedlung, was nicht ohne regelmäßigen Mond-Erde-Verkehr denkbar ist. Das Potenzial des Erdtrabanten ist vielfältig – Wissenschaft, Forschung und Medizin, industrielle Fabrikation und Abbau von Bodenschätzen, Tourismus und Filmproduktion. Der dritte Bereich ist natürlich der Mars; er käme primär als Ziel einzelner Expeditionen mit beschränkter Teilnehmerzahl in Frage. _____ All dies kann sich schnell ändern, wenn physikalische Effekte entdeckt würden, die zu neuartigen Triebwerken und Reisemethoden führen. Dann werden Menschen den Mars besiedeln und zu den äußeren Planeten vorstoßen, an denen ja schon

3/71 Mond-Raumstation LUO-SOC mit Landefähre LUBUS und »Neptune«-Raketenstufe,
Erik Theodor Lässig, 1998 Berliner Festspiele GmbH

Von der Erde zum Mond und wieder zurück _____ Der Aufbau einer Siedlung auf dem Mond ist nicht möglich ohne ein Transportsystem, das sowohl bezahlbar ist als auch die nötige Kapazität für Fracht und Passagiere besitzt. Dieses System gibt es – zumindest auf dem Papier. Es trägt den Namen »Neptune« und stammt von dem Raumfahrtingenieur und emeritierten Professor an der Technischen Universität Berlin Heinz-Hermann Koelle. Gedanklich basiert das Projekt auf der »Neptune«-Großrakete, deren Ur-Version Koelle 1967 entwarf. _____ Rückgrat seines Systems ist eine Schwerlastrakete, die 72 Meter hoch ist und vollbetankt 6000 Tonnen wiegt. Die ersten beiden Stufen gehen in der Startphase nicht verloren, sondern werden nach Brennschluss geborgen und wiederverwendet. Die letzte Stufe fliegt weiter in Richtung Mond. Hier gibt es nun zwei mögliche Szenarien: Die »Neptune«-Stufe landet entweder auf dem Mond, wo ihre Nutzlast – sie trägt 45 Tonnen – entladen wird und die Stufe dann verbleibt, oder sie schwenkt in eine Umlaufbahn hundert Kilometer über dem Mond ein, um an die ebenfalls dort kreisende Station LUO-SOC (*Lunar Orbit Space Operations Center*) anzudocken. Die erste Situation betrifft vor allem Frachttransporte, die zweite den Passagierverkehr. LUO-SOC ist der Knotenpunkt im Erde-Mond-Verkehr. Passagiere auf dem Rückweg vom Mond steigen in »Lunar Bus« LUBUS auf und in die »Neptune«-Stufe um; die damit eingetroffenen Reisenden lassen sich von der LUBUS-Rakete zur Mondoberfläche bringen. Die »Neptune«-Stufe kehrt unterdessen in einer Drei-Tage-Fahrt zur Erde zurück. _____ Wie aber kommt LUO-SOC in seinen Orbit? In diesem Fall wird lediglich die *erste*, die untere Stufe der »Neptune«-Rakete als Träger benutzt. Mit dieser »Neptune«-Erststufe, die nach der Startphase abgeworfen wird, und vermöge der eigenen Triebwerke und Treibstoffbehälter gelangt LUO-SOC zunächst in eine Umlaufbahn um die Erde. Hier wird sie neu betankt und fliegt weiter zum Mond.

unbemannte Fahrzeuge vorbeiflogen. Dann würden sie die Wolkenstreifen des Jupiter und die Ringe des Saturn aus der Nähe sehen und ihren Fuß auf die Monde setzen, die Galileo Galilei 1610 als Erster im Fernrohr erblickte. Doch dies ist Zukunftsmusik. Hoffen können wir immerhin, dass zu unseren Lebzeiten wieder Menschen den Mondstaub aufwirbeln und dort ein Haus bauen werden – wofür auch immer.

apollo und die folgen –

30 jahre mondforschung —— GERHARD NEUKUM

Als »Apollo 11« am 20. Juli 1969 auf dem Mond landete, war ich genau so fasziniert wie die meisten Menschen zu dieser Zeit und verfolgte das Ereignis begierig am Fernsehschirm und in den Zeitungen. Für mich bedeutete der Flug zum Mond weit mehr als den Aufbruch des Menschen in den Weltraum oder das große Medienspektakel, auch wenn es mir vielleicht damals nicht bewusst war: Er sollte meine wissenschaftliche Laufbahn und meine Forschungstätigkeit nachhaltig beeinflussen. Die Mondlandung und das Apollo-Programm eröffneten die Möglichkeit, meine Experimente und Studien über die Einschlagsprozesse von Meteoriten, die ich bisher nur im Labor und theoretisch hatte durchführen können, auf echte extraterrestrische Phänomene anzuwenden. So war ich von Anfang an dabei und untersuchte unter anderem direkt im *Lunar Receiving Laboratory* der NASA Proben von allen gelandeten Missionen. —— Natürlich war mir klar, wie einzigartig die Gelegenheit war und wie privilegiert ich war, als einer von vielleicht wenigen hundert Wissenschaftlern auf der ganzen Welt die Möglichkeit zu haben, Mondgestein zu analysieren. Die Bedeutung der Arbeit bzw. der Wert der Proben wurde mir anfangs jedoch eher durch formale, nicht-wissenschaftliche Dinge bewusst wie z.B. die Sicherheitsmaßnahmen für die Proben: Ein Tresor war notwendig, der Zugang war limitiert und genau geregelt, Probenentnahmen wurden protokolliert, die NASA verlangte regelmäßig Nachweise über den Zustand der Proben und kam zur Prüfung sogar an die mit ihnen arbeitenden Institute. Das ganz frische, von Apollo zurückgebrachte Material befand sich in sogenannten *glove boxes*, in großen Behältern mit Glaswänden, abgeschlossen von der Außenwelt und unter Schutzgas. Zur Hantierung mit den Proben konnte man nur mit Gummihandschuhen von außen hineingreifen, mittels eines Mikroskops die Proben im Detail charakterisieren und die Oberfläche studieren. —— Zur Vorbereitung der Apollo-Missionen führten die Vereinigten Staaten in den sechziger Jahren drei weitere Programme durch. Mit den Ranger-Sonden wurde versucht, den Mond überhaupt zu erreichen und hart auf der Oberfläche zu landen. Raumschiffe der Surveyor-Reihe führten weiche Landungen auf dem Mond durch und gewannen die ersten Messdaten zur Zusammensetzung und Beschaffenheit des Mondbodens. Zur vollständigen bildhaften Kartierung des Mondes wurden insgesamt fünf »Lunar Orbiter« in eine Umlaufbahn gebracht. Einige der dabei aufgezeichneten Bilder besitzen eine räumliche Auflösung von unter einem Meter – eine Auflösung, die seitdem nicht wieder erreicht wurde. —— Neben dem Apollo-Programm der Vereinigten Staaten lieferte das Luna-Programm der damaligen Sowjetunion einen wesentlichen Beitrag zur Mondforschung. Zu diesem Programm gehörten sowohl Orbiter als auch Landemissionen. Schon 1959 erreichte »Luna 2« als erstes Raumschiff überhaupt die Mondoberfläche, und »Luna 3« lieferte im gleichen Jahr die ersten Bilder der Mondrückseite. Sonden des Luna-Programms führten die bis heute einzigen robotischen Rückführungen von extraterrestrischem Probenmaterial zur Erde durch, und

039

die Lunochod-Rover waren die ersten ferngesteuerten Fahrzeuge auf einer planetaren Oberfläche. Bei Apollo- und Luna-Landungen wurden an insgesamt neun Stellen auf der Mondoberfläche Proben genommen und zur Erde gebracht. So wichtig dieses Material für unser Verständnis nicht nur vom Mond selber, sondern von unserem Planetensystem und der Erde auch ist, so zeigt allein schon ein Größenvergleich mit unserem Planeten, dass die Anzahl an Probenentnahmestellen nicht ausreichen kann, um ein vollständiges Bild der Mondentwicklung zu erhalten: Die Gesamtfläche von Afrika entspricht gerade einmal vierzig Prozent der Mondoberfläche. Daher ist die Mondforschung in ausgedehntem Maße auf Fernerkundungsdaten von Kamera- und Spektrometerexperimenten aus der Umlaufbahn angewiesen. _____ Auch hier haben Apollo mit den vorbereitenden Programmen sowie das Luna-Programm die Datenbasis geliefert, um Fragen zur Evolution des Mondes nachzugehen. Welche Prozesse waren global abgelaufen, wie und wann waren die zum Teil hunderte von Kilometern großen Krater gebildet worden und durch Objekte welcher Art? Wie war der Mond bezüglich seiner Topographie beschaffen? Welche Rolle haben vulkanische Prozesse gespielt? Wie alt sind die verschiedenen dunklen (»Meere«) und hellen (»Hochland«) Gebiete des Mondes? Wie sind die Oberflächenmaterialien chemisch und mineralogisch zusammengesetzt und wie variiert die Zusammensetzung im regionalen und globalen Maßstab? Bis zum heutigen Tage und noch für einige Zeit in der Zukunft bildet das Bildmaterial der Lunar-Orbiter- und Apollo-Missionen die Grundlage zum Verständnis der geologischen Entwicklung, zur Untersuchung der Einschlagsgeschichte und zur Bestimmung des Alters geologischer Strukturen auf der Mondoberfläche. _____ Die Kurzlebigkeit wissenschaftlicher Programme und Wertigkeiten im politischen und programmatischen Umfeld führte leider Anfang bzw. Mitte der siebziger Jahre zur Einstellung des Apollo- und Luna-Programms. Dies bedeutete einen herben Rückschlag für die Mondforschung. In den achtziger Jahren war man daher auf Teleskop-Untersuchungen von der Erde aus angewiesen, denen nur die der Erde zuge-

❶ 3/64 Modell der NASA-Mondlandefähre LEM *Das sieben Meter hohen »Lunar Excursion Module« (LEM) trug von 1969 bis 1972 bei sechs Landungen insgesamt zwölf Menschen zum Mond. Die Astronauten benutzten es für den Flug von der mondumkreisenden Apollo-Kapsel zur Oberfläche und für den Aufstieg zur Kapsel. Mittweida, Raumfahrt Service International*

❷ 3/62 Modell einer amerikanischen Surveyor-Mondsonde im Maßstab 1:10 *Zwischen 1966 und 1968 gingen fünf Surveyor-Sonden der NASA auf dem Erdtrabanten nieder. Nach ihren Landungen nahmen die drei Meter hohen Sonden insgesamt 85 000 Fotos auf. »Surveyor 5« und »Surveyor 7« führten zudem Instrumente zur Analyse des Mondbodens mit. TU Berlin, Institut für Luft- und Raumfahrt*

❸ 3/53 Modell (1976) der Sonde »Luna 9«: *Deren weiche Landung am 3. Februar 1966 war der letzte große Erfolg der sowjetischen Raumfahrt beim Wettlauf zum Mond – den USA gelang eine ähnliche Landung erst im Juni 1966. Weltraumausstellung Berlin, Edith & Gerhard Micksch*

❹ 3/68 Stab des SWC-Experiments *Der Schweizer Physiker Johannes Geiss schlug für die Apollo-Missionen einen Versuch vor, der bei jeder Mondlandung realisiert wurde: das Auffangen von Partikeln des Sonnenwinds – der Menge der Elementarteilchen, die die Sonne ins All ausstößt – mit Hilfe einer Aluminiumfolie. Nach jedem »SWC-Experiment« (SWC = Solar Wind Composition) wurde die auf einem 35 Zentimeter langen Alu-Stab aufgerollte Folie zur Erde zurückgebracht und analysiert. Universität Bern, Physikalisches Institut*

❺ 3/69 Gipsabdruck des Raumanzug-Schuhs von Eugene Cernan *Den »Last footprint on the Moon« hinterließ Apollo-17-Astronaut Eugene A. Cernan, der als bislang letzter Mensch im Mondstaub stand, bevor er am 14. Dezember 1972 wieder zur Erde aufbrach. Mittweida, Raumfahrt Service International*

wandte Seite unseres Trabanten zugänglich war. Die Kombination von erdgestützten CCD-Kamera-Spektraldaten der Mondoberfläche und Spektraldaten von Apollo-Mondproben im Labor hat jedoch eine weitere Qualität im Verständnis der Zusammensetzung der Oberflächenmaterialien des Mondes und ihrer geologischen Evolution gebracht. Erst mit den beiden Vorbeiflügen der Galileo-Mission auf ihrem Weg zum Jupiter in den Jahren 1990 und 1992 konnten spektrale Bilddaten mit einem modernen CCD-Kamerainstrument vom Mond aufgezeichnet werden, die eine wenn auch zögerliche Wiederentdeckung des Erdsatelliten für die Planetenforschung einläuteten. _____ Highlights der letzten Jahre für die Mondforschung durch Planetenmissionen waren die Ergebnisse der Clementine-Mission (1994) und der 1999 abgeschlossenen Mission »Lunar Prospector«. »Clementine« war dabei keine dedizierte Mondsonde, sondern sollte vor allem der Erprobung neuer technologischer Entwicklungen dienen. Herausragendes Ergebnis war die Vermessung der lunaren Topographie mit dem an Bord befindlichen Laser-Altimeter. Außerdem konnte die gesamte Mondoberfläche mit multispektralen Bilddaten erfasst werden, deren räumliche Auflösung zwar nur vergleichbar mit den Lunar-Orbiter-Fotos der sechziger Jahre ist, die als digitale Daten jedoch mit modernen Verfahren der Bildverarbeitung ausgewertet werden können. Der 1997 gestartete amerikanische Mondorbiter »Lunar Prospector« kartierte die chemische Zusammensetzung der gesamten Oberfläche und lieferte ein wesentlich verbessertes Bild der lunaren Schwereanomalien. Nachdem die Bilddaten der Clementine-Mission gezeigt hatten, dass an den lunaren Polregionen Gebiete vorhanden sind, die permanent im Schatten liegen, wuchsen die Spekulationen über das mögliche Auftreten von Wassereis in diesen Schattenzonen. Zur Klärung dieser Frage führte »Lunar Prospector« ein Neutronenspektrometer mit. Damit wurden zwar eindeutig erhöhte Konzentrationen von Wasserstoff an den Polen des Mondes nachgewiesen, die Frage nach Wassereis konnte jedoch auch durch den am Ende der Mission herbeigeführten Einschlag der Sonde am Südpol nicht beantwortet werden. _____ Was haben nun Apollo und Luna wirklich gebracht, und wie sind die Programme aus heutiger Sicht in ihrer wissenschaftlichen Wertigkeit einzuschätzen? Ich möchte deutlich anmerken, dass beide in den Medien völlig falsch eingeschätzt und ihre wissenschaftlichen Verdienste meist nicht begriffen worden sind. Dabei spielen »ideologische« Auseinandersetzungen wie »bemannt gegen unbemannt« oder »Ost gegen West« leider eine viel zu große Rolle. _____ Eines ist klar: Vor Apollo hatten wir in vielerlei Hinsicht ein völlig falsches Bild vom Mond. Die Natur der Krater war nicht verstanden, die Entwicklungsgeschichte des Mondes wurde völlig falsch gesehen, das Alter seiner Oberflächenstrukturen und Gesteine wurde mit einigen Millionen bis 100 Millionen Jahren statt der Milliarden Jahre – wie durch Apollo ermittelt – viel zu jung eingeschätzt, die Prozesse auf der Oberfläche teilweise völlig falsch interpretiert. Die Apollo-Missionen lieferten im Detail geplante, dokumentierte, gezielt und in großer Menge – etwa 400 Kilogramm – entnommene und zur Untersuchung im irdischen Labor zurückgebrachte Gesteinsproben, außerdem geophysikalische Experimente auf der Oberfläche, die ohne die daran beteiligten Menschen in dieser Qualität nicht denkbar gewesen wären, und Messungen und Bild-

❹

❺

041

nahmen aus der Mondumlaufbahn. Damit haben sie das frühere Bild des Mondes vollkommen umgestürzt. Die Astronauten konnten sich dabei in intelligenter, adaptiver Weise und im direkten Kontakt und Gespräch mit Wissenschaftlergruppen auf der Erde den Gegebenheiten vor Ort anpassen – unerlässlich für den wissenschaftlichen Erfolg. Das Apollo-Programm legte schließlich im Rahmen der vergleichenden Planetologie die Grundlage zum Verständnis anderer, bisher nur robotisch erforschter Himmelskörper wie Mars, Merkur, Venus oder der Galileischen Monde des Jupiter. Ohne die detaillierten Apollo- und Luna-Untersuchungen und harten, eindeutigen Daten aus den Probenanalysen wären wir bei weitem nicht auf dem heutigen Stand der Mond- und Planetenforschung.———— Natürlich waren Apollo und Luna ursprünglich politisch angelegt, Wettkämpfe der Systeme, West gegen Ost. Jedoch hat die Wissenschaft immens davon profitiert. Es wird immer wieder behauptet, robotisch hätte man Ähnliches schaffen können, vor allem mit wesentlich weniger Geld. Aus persönlicher Erfahrung mit vielen robotischen Missionen glaube ich das nicht. Ein Vergleich des Apollo-Projekts mit z.B. den Viking-Marslandungen zeigt, dass nur mit Apparaten allein, ohne Menschen vor Ort, ein solches wissenschaftliches Niveau kaum erreicht werden kann, auch nicht in den nächsten Dekaden. Oder man muss derart viel Geld für »intelligente« robotische Systeme ausgeben, dass man zusammengenommen mindestens in ähnliche finanzielle Dimensionen käme wie bei Apollo.———— Nicht zuletzt ein Resultat dieser Flüge ist hervorzuheben: Der Mond ist nicht isoliert zu betrachten, er ist Teil des Doppelplanetensystems Erde-Mond. Über die Mondforschung verstehen wir erstmalig die Frühzeit der Erde in einer Reihe von Aspekten. Bis Apollo wurden Einschlagsereignisse auf der Erde als seltene und für ihre Entwicklung unwesentliche Ereignisse betrachtet. Erst die Mondforschung hat uns die Augen dafür geöffnet, dass die Erde dem gleichen Strom an Projektilen aus dem Weltraum ausgesetzt ist wie der Mond und dass solche Impaktereignisse in der Frühphase unseres Planeten eine dominierende Rolle spielten. Zeitgleich mit dem Apollo-Programm wurde auch die Geologie der Erde mit der Entwicklung plattentektonischer Theorien revolutioniert. Dabei wurde jedoch deutlich, dass die Prozesse der Plattentektonik und der Erosion die Spuren der frühen Entwicklungsphasen auf der Erde fast vollständig ausgelöscht haben.

So finden wir auf der Erde keinerlei Relikte der allerersten Kruste, die sich nach der Planetenentstehung ausbildete. Erst der Mond, auf dem die in dieser Phase entstandene Hochlandkruste weite Bereiche der Oberfläche einnimmt, hat uns einen Einblick gegeben, was bei deren Ausbildung überhaupt abläuft. Die Erforschung des Mondes durch neue Programme in der Zukunft könnte noch viele Beiträge zur Erdforschung liefern, sogar eventuell zu Fragen des Klimas – ist doch z.B. die Aktivität der Sonne über die im Mondgestein eingeschlossenen Teilchen des Sonnenwinds entzifferbar.

❶ 3/13 Modell einer amerikanischen Gemini-Raumkapsel für zwei Astronauten, 1960er Jahre *Im Rahmen des Apollo-Mondprogramms der amerikanischen Raumfahrtbehörde NASA fanden 1965 und 1966 zehn Flüge mit Kapseln des Typs Gemini statt, in denen jeweils zwei Astronauten die Erde umkreisten. Der längste dieser Flüge dauerte zwei Wochen.* TU Berlin, Institut für Luft- und Raumfahrt ❷ 3/57 Modell von Lunochod 1 *Zweimal gelang es der UdSSR, ferngesteuerte Räderfahrzeuge zum Mond zu bringen. Am 17. November 1970 setzte die Sonde »Luna 17« im »Mare Imbrium« »Lunochod 1« ab, und mit »Luna 21« landete am 16. Januar 1973 »Lunochod 2« im »Mare Serenitatis«. Das abgebildete Modell des ersten Mondmobils erhielt der Zentralrat des DDR-Jugendverbands FDJ im Dezember 1970 von der sowjetischen Botschaft.* Berlin, Deutsches Historisches Museum

)leben auf dem mond

und der weg dorthin – der nächste schritt

in der evolution der menschheit___PETER ECKART

Die Idee der Besiedelung des Mondes ist fast so alt wie unsere Zivilisation, doch ernsthafte Überlegungen hierzu wurden erst zu Beginn des 20. Jahrhunderts angestellt, zunächst von Science-Fiction-Autoren und dann, als die technische Umsetzung eines solchen Vorhabens in den Bereich des Möglichen rückte, von Wissenschaftlern und Ingenieuren. Erste Studien zur Errichtung einer permanent bewohnten Basis auf dem Mond fanden in den vierziger und fünfziger Jahren dieses Jahrhunderts statt. Es folgten im Rahmen des Apollo-Programms zwischen 1969 und 1972 sechs Landungen von jeweils zwei Astronauten auf dem Mond, wobei der längste dieser Aufenthalte gerade etwas über drei Tage dauerte. Dennoch: Der Mensch hatte es geschafft, einen anderen Himmelskörper zu betreten, und eine dauerhafte Präsenz auf dem Mond schien nur der nächste logische Schritt zu sein. _____ Zahlreiche Untersuchungen zum Aufbau einer Mondstation erschienen daraufhin, insbesondere in den USA. Doch so wie Apollo in erster Linie ein politisches und nicht hauptsächlich ein technologisches Programm war, waren es auch politische Umstände, die die weitere bemannte Erforschung des Weltalls zunächst stark verlangsamten. Der Kalte Krieg und die Konkurrenz zwischen Ost und West hatten in den sechziger Jahren ungeheure Finanzmittel freigesetzt. Präsident Kennedy hatte die Richtung vorgegeben: Nachdem der Russe Juri Gagarin als erster Mensch in den Weltraum geflogen war, sollte ein Amerikaner vor Ablauf des Jahrzehnts auf dem Mond landen und damit das ramponierte Image der USA und das Selbstbewusstsein als führende Weltmacht wiederherstellen. Nachdem dies gelungen war, wurde angesichts des Vietnamkrieges, der dafür benötigten Gelder und des nachlassenden öffentlichen Interesses der amerikanische Raumfahrtetat extrem gekürzt. Die Sowjetunion begann in dieser Zeit – nach Scheitern ihres eigenen geheimen Mondprogramms – mit dem Aufbau ihrer erfolgreichen Serie erdumkreisender Raumstationen. _____ Das amerikanische Space Shuttle, das seit Beginn der achtziger Jahre in Betrieb ist, wird durch den 1999 begonnenen Bau der Internationalen Raumstation (ISS) endlich einen Zielbahnhof im Weltraum erhalten. Zwischen 1976 und 1994 gab es jedoch weltweit keine einzige Mission, die den Mond zum Ziel hatte. Erst danach erwachte in den USA mit »Clementine« 1994 und »Lunar Prospector« 1998 und in Japan, wo »Lunar-A« und »Selene« für 2001 bzw. 2003 geplant sind, wieder das Interesse am Erdtrabanten. In Europa gab es zahlreiche Ansätze, die im Planungsstadium scheiterten, und so ist gegenwärtig nur der von Nachwuchswissenschaftlern und Studenten vorangetriebene Mond-Orbiter »LunarSat« in Arbeit. Die einst für den Anfang der achtziger Jahre vorgesehenen Siedlungen auf dem Mond und bemannte Flüge zum Mars sind an der Schwelle zum 21. Jahrhundert noch nicht absehbar. _____ In Zeiten einer weiterhin ausgeprägten Skepsis gegenüber technologischem Fortschritt und in Anbetracht der Kosten,

665096
Stereo also playable mono

3/36 Filmszene aus ›2001 – Odyssee im Weltraum‹ (1968) *Die Grafik auf der Hülle der Soundtrack-LP stammt von Robert McCall.* Berlin, Sammlung Ralf Bülow

die mit solch hochkomplexen Weltraumunternehmungen verbunden sind, mag dieser eigentlich traurige Umstand von vielen sogar begrüßt werden. In jedem Fall haben aber dadurch die Raumfahrtfreunde Gelegenheit gehabt darüber nachzudenken, warum der Mensch überhaupt den Weltraum besiedeln soll. Einfach ausgedrückt hat die Besiedlung des Mondes drei Dimensionen, eine wissenschaftliche, eine ökonomische und eine kulturelle. Die wissenschaftliche Dimension lässt sich wiederum in drei Bereiche unterteilen, die Erforschung des Mondes selbst, die Forschung vom Mond aus und diejenige auf dem Mond. Erstes Untersuchungsziel muss zunächst der Erdtrabant selbst sein. Entgegen der verbreiteten Meinung, dass er nunmehr vollständig enträtselt sei, wissen wir immer noch sehr wenig von unserem ständigen Begleiter. Zwar hat das Apollo-Programm viele neue Erkenntnisse gebracht, doch ist bisher noch nicht einmal bekannt, wie der Mond genau entstand. Auch die Kartierung ist in vielen Bereichen noch unzureichend und die Verteilung der Mondressourcen kaum erforscht. Über die stets von der Erde abgewandte Rückseite und die Polarregionen wissen wir nur wenig. _____ Des Weiteren bildet der Mond eine ideale Plattform für astronomische und astrophysikalische Beobachtungen. Insbesondere wäre die von Radiowellen irdischen Ursprunges abgeschirmte Mondrückseite ein optimaler Standort für Radioteleskope. Schließlich könnten Laboratorien auf dem Mond sich die spezifischen Umweltbedingungen zunutze machen, um neuartige Forschungsarbeiten zu leisten. Der Mond besitzt keine Atmosphäre und so gut wie kein Magnetfeld. Zudem herrscht nur ein Sechstel der Anziehungskraft, wie wir sie auf der Erde kennen. Unter diesen Umständen wären zum Beispiel medizinische und physiologische Forschungen von Interesse sowie die Entwicklung von biologischen Lebenserhaltungssystemen bis hin zu einer Art künstlicher Biosphäre. _____ Hinsichtlich der ökonomischen Dimension einer Mondbesiedelung ist es wichtig, sich zunächst einmal bewusst zu machen, dass der Erdtrabant reich an potenziell nutzbaren Ressourcen ist. Der Mondboden besteht chemisch primär aus Sauerstoff, Silizium und Eisen, enthält aber auch Kalzium, Aluminium oder Titan. Von den wichtigsten Elementen sind allein Kohlenstoff und Wasserstoff in relativ geringen Mengen vorhanden, wobei die Existenz von Wassereisvorkommen in den Polarregionen noch immer ungeklärt ist. Grundsätzlich findet die Menschheit aber auf dem Mond so ziemlich alle Rohstoffe vor, die sie zum Aufbau von Siedlungen und Industrien benötigt. Es ist eine Frage unserer Kreativität und unseres Einfallsreichtums, ob wir uns diese Schätze nutzbar machen. Kurzfristig gesehen wäre die Gewinnung von Sauerstoff und vielleicht auch Wasserstoff – als Raketentreibstoff – die wichtigste Aufgabe. Wenn dies gelänge, müssten zukünftige Mondfahrer gar keinen oder nur einen Teil des Treibstoffs, den sie für den Rückflug benötigen, von der Erde mitbringen. Außerdem kann es sinnvoll sein, den Mond als Weltraumbahnhof zu nutzen, um von hier aus die weitere Erforschung unseres Sonnensystemes voranzutreiben. In fernerer Zukunft liegt sicherlich der Transport von Mondressourcen in eine Erdumlaufbahn, etwa um dort Solarkraftwerke zur Versorgung der Erdbewohner zu montieren. _____ Bleibt schließlich noch die Frage nach der kulturellen Dimension. Wir Menschen sind Passagiere des Raumschiffs Erde und der Mond ist Teil unserer Welt. Seine Oberfläche ist nur drei Tagesreisen von uns entfernt. Wenn Evolution ein elementarer Teil der Natur des Menschen ist, dann ist die Besiedlung des Mondes unter diesem Gesichtspunkt der nächste logische Schritt. Der Homo Sapiens hat im Laufe seiner Entwicklung stets das Machbare in die Tat umgesetzt. Warum sollte sich das ändern? Es scheint in unseren Genen zu liegen. Wahrscheinlich wird die erneute Präsenz des Menschen auf dem Mond zunächst virtueller Natur sein. Schon in wenigen Jahren wird man wohl »live« an Forschungsreisen von automatischen Mondfahrzeugen teilnehmen können. Doch dann werden sowohl die technischen Möglichkeiten als auch der Drang vorhanden sein, wieder Menschen zum Mond fliegen zu lassen. Aber gibt es nicht dringendere Probleme auf der Erde, die zunächst gelöst werden sollten? Sicherlich! Aber die Menschheit soll und wird sich nicht nur um diesen Aspekt ihrer Entwicklung kümmern. Der Kampf gegen Überbevölkerung, Umweltzerstörung, Armut und Analphabetismus soll und muss im Vordergrund all unserer Bemühungen stehen. Für die Erforschung des Mondes und den Aufbau einer Mondstation werden nur Bruchteile unserer Kreativität und Intelligenz sowie unserer ökonomischen Potenziale benötigt werden. _____ Eine internationale Anstrengung zur schrittweisen Besiedelung des Weltraums dürfte außerdem einen sehr positiven Nebeneffekt haben. Die Menschheit würde in dem Bewusstsein vereint werden, dass wir alle in einem Boot sitzen. Eine immer noch von Kriegen und religiösen Konflikten geplagte Welt könnte verstehen lernen, dass wir alle gemeinsam für die Zukunft unseres Planeten verantwortlich sind. Schließlich — sind wir in dieses unermessliche Universum hineingeboren, nur um dann an unseren wunderbaren, aber winzigen Planeten gefesselt zu bleiben? Haben wir nicht geradezu die Pflicht, den Wundern der Schöpfung weiter auf den Grund zu gehen und danach zu streben, unser Sonnensystem und eines Tages vielleicht sogar andere Galaxien zu erforschen? Unser erster Schritt hinaus aus der Wiege der Menschheit wird uns wieder auf den Mond führen. Oder um den Raumfahrtpionier Krafft A. Ehricke zu zitieren: »Wenn Gott gewollt hätte, dass wir Menschen in den Weltraum fliegen, hätte er uns einen Mond geben.« Die Besiedelung des Mondes ist machbar. Wir, die Bewohner des Planeten Erde, sind aufgerufen, sie in die Realität umzusetzen.

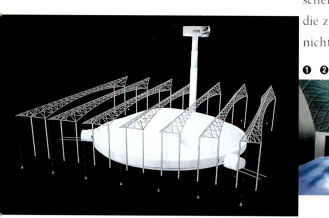

❶ Mondhaus *Der Berliner Architekt Hans-Jürgen Schmitt konzipierte 1995 eine lunare Forschungsstation unter einer 40 Meter breiten pneumatischen Struktur.* Grafik: Hans-Jürgen Schmitt **❷ Nachbildung der Mondhaus-Halle** *Für die Ausstellung »Sieben Hügel« übertrug Hans-Jürgen Schmitt einen Ausschnitt seines ursprünglichen Entwurfs in einen Raum des Martin-Gropius-Baus.* Grafik: Hans-Jürgen Schmitt

auf dem mond—— WERNER KÜSTENMACHER

Was kracht da so? Ein Fehler im Raumschiff? Meteoriten? Nein, viel einfacher: mein Herz klopft. _____ Man hatte es uns beim Training gesagt: Die Landung auf dem Mond ist nach wie vor ein riskantes Manöver. Und ein ergreifender Augenblick, Belastungsstufe 12 auf der Kenneth-Skala der Weltraum-Psychologen. In atemberaubender Schräglage saust unser *Lunar Lander* über die Oberfläche. In einem Fenster sehe ich den pechschwarzen Weltraum in majestätischer Ruhe, in dem anderen rast der graubraune, kraterübersäte Mondboden an mir vorbei. Die aufgekratzte Stimmung unter uns zehn Weltraumtouristen ist verflogen. Wir kauern stumm in unseren Schalensitzen und starren auf das Fenster zum Mond, damit unsere Stirnbandkameras möglichst viel von der rasanten Fahrt aufzeichnen. _____ Der Name »Tourist« ist irreführend. Die bisherige Tour hatte nichts zu tun mit den Freuden einer Pauschalreise. Wir nennen uns lieber Abenteurer, schließlich ist unser Reiseveranstalter spezialisiert auf Antarktis-Fahrten und Himalaya-Besteigungen. Was haben wir »Space Adventurers« nicht alles hinter uns: eine Woche Training in Simulatoren und Zentrifugen, vierzig Parabelflüge im leeren Großraumflugzeug, um das Verhalten in der Schwerelosigkeit zu lernen. Dann der Start, eingeklemmt in die enge Röhre des *Space Explorer*, der uns in die Bahn um die Erde brachte. Der grandiose Blick auf die Erde mit der hauchdünn blau leuchtenden Atmosphäre, überspannt vom unermesslichen Schwarz des Weltalls. Die Schwerelosigkeit, für jeden zweiten von uns der Beginn von 48 Stunden schwerer Übelkeit. Andocken an die Raumstation. Dort erinnere ich mich vor allem an Schweißgeruch und den Lärm der Klimaanlagen. Umsteigen in das Mond-Shuttle, der erlösende Schub auf Mondkurs. Zweieinhalb Tage im Nichts zwischen Erde und Mond. Dann ein Kopplungsmanöver mit dem *Lunar Lander*, und nun das bange Warten auf die Landung. _____ Sie ist rauh und ruppig. Hätte man mich nicht instruiert, ich hätte das harte Aufsetzen auf dem Mondboden für einen Unfall gehalten. Hier gibt es keine Landebahn und keine Atmosphäre, die ein sanftes Gleiten erlaubt. Statt dessen musste unser Gefährt, nun von den Triebwerksgasen gebremst, dem Boden entgegenfallen. Aber nun sind wir da. Wir applaudieren, klopfen uns auf die Schultern und genießen die wiedergewonnene Schwerkraft. Sie ist geringer als auf der Erde, ich fühle mich wie unter Wasser. _____ Ich drücke meine Nase an die kleine Scheibe. Unsere Landung hat mächtig Staub aufgewirbelt, aber im luftleeren Raum sind die feinen Partikel so schnell zu Boden gefallen, als wären sie Felsbrocken. So ist der Blick klar auf die einfarbige Landschaft im gleißenden Sonnenlicht. Die Sonne selbst liegt außerhalb des Fensterwinkels – glücklicherweise, denn ein Blick auf sie könnte das Augenlicht zerstören. Dort draußen, weiß ich, herrscht die absolute Stille. _____ Aber nicht in unserem Schiff, denn dort hat das Anlegen der Raumanzüge begonnen. Eine umständliche Prozedur, bei der sich immer zwei gegenseitig helfen. Das Wort »Anzug« beschreibt nur vage die Bedeutung, weshalb das Wunderwerk im Astronautenjargon auch PLSS heißt, *Personal Life Support System*. Über unsere Stretchwäsche, die wir seit dem Beginn der Reise tragen, ziehen wir einen von winzigen Röhren durchzogenen Overall; durch die Röhrchen zirkuliert Kühlflüssigkeit. Der eigentliche Raumanzug besteht aus zahlreichen Schichten, mit aufwändigen Dichtungsbändern für die Verbindungen zum Helm und zu den Handschuhen. Auf der Erde haben wir das Anziehen geübt, aber hier in der Enge des Landers dauert es besonders lange. Am schwersten ist es, den riesigen Rucksack mit Klimaanlage, Sauerstoffversorgung und Funksystem anzulegen. Jeder angelegte Anzug wird zwei Drucktests unterzogen, der zweite unter Aufsicht des Kapitäns. An diesen Anzügen hängt unser Leben. _____ Die Atemluft in meinem Helm schmeckt künstlich. Die Klimaanlage surrt auf meinem Rücken und in meinen Ohren. Dann das Kommando, dass die Kabinenluft abgelassen wird. Streng nach Alter geordnet dürfen wir den Lander verlassen. In der Tür ziehe ich das Sonnenvisier über meinen Helm und schaue wie durch eine dunkle Brille auf die mattgraue Landschaft. Auf der Leiter denkt jeder an Neil Armstrongs Worte vom kleinen und großen Schritt. Sollen wir auch etwas sagen? Ich schweige lieber und versuche, den Moment genau zu empfinden, in dem mein Fuß den Boden berührt. Ich sinke etwa einen Zentimeter tief ein in den pudrigen Staub. Meine Schritte fühlen sich an, als würde ich auf einer mit Mehl bedeckten Felsplatte laufen. Der Anblick ist ausgesprochen ulkig: Zehn Gestal-

047

ten in unförmigen weißen Anzügen wandeln wie in Zeitlupe vorsichtig, aber ziellos umher. Ich gehe einige Meter weg vom Lander und von der Gruppe, so wie ich es mir immer und immer wieder ausgemalt und vorgenommen habe. _____ Ich will allein sein, oder mich wenigstens so fühlen, wenn ich sie von hier aus zum ersten Mal sehe: die Erde. Vorsichtig, fast ängstlich suchen meine Augen das von Millionen Sternen übersäte Schwarz des Alls ab. Dann habe ich sie, und ich bleibe wie versteinert stehen. Wieder klopft mein Herz. Mindestens 14 auf der Kenneth-Skala. Sie sieht groß und großartig aus. Zur Zeit ist Halberde. Die dunkle Hälfte erscheint vollständig verschluckt, nur erkennbar, weil dort keine Sterne zu sehen sind. Die sichtbare Hälfte strahlt in grandiosen Strukturen. Wie ein zarter Schleier legen sich die Wolken in riesigen Wirbeln über das Blau von Himmel und Meeren. Nur an einigen Stellen blitzt etwas irdenes Gelb und Braun durch die strahlend weißen Streifen. _____ Kaum dass ich mich umdrehe, sehe ich ein eigenartiges Schauspiel: Alle neun anderen Abenteurer stehen genau wie ich regungslos vor der Erde. Auch der Kapitän in seinem metallic-blauen Anzug verharrt in der geöffneten Tür des Landeschiffs. Wegen dieses Anblicks sind wir hier. Wegen dieses Augenblicks haben wir die Strapazen und Gefahren der Reise auf uns genommen. Wie ein Wellenreiter auf dem Wellenkamm, wie ein Bergsteiger auf dem Gipfel, so bleiben wir ewig stehen und gehen gleichzeitig schon nach einem Lidschlag wieder fort. Ich weiß, dass ich diesen Moment niemals mit jemand teilen kann. Mit keinem Videosystem und keinem Gedicht wird er sich jemals aufzeichnen lassen. _____ Lautlos wie alles auf dem Mond rollt ein röhrenförmiges Fahrzeug mit riesigen Rädern auf uns zu. Vorne sehe ich eine Gestalt in einem rötlichen Raumanzug sitzen. Ein Mondmensch, denke ich. Einer, der hier wohnt. Wir steigen in die nackte Metallröhre, kauern uns mit unseren unförmigen lebenserhaltenden Rucksäcken auf die seitlich angebrachten Bänke und werden bei der anschließenden Fahrt tüchtig durchgeschüttelt. Endlich hält das Gefährt vor einer steilen Kraterwand mit einer schwarzen Öffnung. Früher träumten die Menschen von grandiosen Bauten auf dem Mond. Aber die Strahlungsgewitter bei Sonnenstürmen ließen nur ein unterirdisches – oder untermondisches – Leben zu. Wir durchfahren zwei Schleusen, bis wir zehn Meter unter dem Mondboden in der Unterkunft ankommen. _____ Der Empfang ist herzlich. Die Menschen, die hier arbeiten, bekommen nur alle paar Monate Besuch, und wir sind die ersten, die ihre Reise aus eigener Tasche bezahlt haben. Die meisten von uns haben ein halbes Leben darauf gespart. Überall sehe ich Bildschirme, für die Überwachungskameras der riesigen Bergbau-Roboter. Sie durchsieben den Mondstaub nach dem wertvollsten Stoff des Sonnensystems, Helium 3. Eine Tonne ist weit über eine Milliarde Euro wert. In einem aufwendigen Prozess wird dieses Isotop gewonnen, mit unbemannten Raketen zur Erde geschossen und dort als Brennstoff für Fusionsreaktoren verwendet. Die Menschen auf dem Mond sind Bergbauexperten, Angehörige der neuen Schwerindustrie des 21. Jahrhunderts. Wir sind zahlende Gäste der *Lunar Mining*, eines internationalen Konzerns, dem die Raumfahrt ihren ungeahnten Aufschwung verdankt. _____ Man begrüßt uns mit Mondwasser, dem hiesigen »Nationalgetränk«, wie der leitende Ingenieur meint. Ende des 20. Jahrhunderts war es eine Sensation, als die NASA-Sonde »Lunar Prospector« Wasservorkommen an den Mondpolen aufspürte. Anschließend fallen wir in die Betten. Ich merke erst jetzt, welche Anstrengung sich da löst. Ich freue mich, den Urinbeutel loszuwerden. Leicht wie ein Kind liege ich vollkommen entspannt auf meiner Pritsche. Der Schlaf ist wunderbar. _____ Am nächsten Morgen gibt es einen Ausflug. Groß ist unser Aktions-

❶

❷

❶ 3/87 Fliegende Untertasse »Apollo« als Kinderspielzeug, 1960er Jahre Haus der Geschichte, Bonn

❷ 3/89 Weltraum-Auto, 1970er Jahre Haus der Geschichte, Bonn

❸ 3/17 Karusselfigur eines NASA-Astronauten mit einer Schaufel für Mondgestein, um 1971 Münchner Stadtmuseum, Puppentheatermuseum

❹ 3/28 Modell der atomgetriebenen Passagierrakete »Moonliner« *Das Plastikmodell basiert auf einer inzwischen wieder demontierten Installation im kalifornischen Disneyland.* Berlin, Wilhelm-Foerster-Sternwarte e.V.

❸
❹

radius mit dem Röhrenmobil auf dem unwegsamen Erdtrabanten nicht. Nach drei Stunden sind die Energiereserven unserer Raumanzüge erschöpft. Aber das reicht für einen Abstecher zum denkwürdigsten Ort des Mondes: *Tranquility Base*, der Landeplatz der ersten Menschen am Südrand des *mare tranquilitatis*, des weiten Meers der Ruhe. Der Blick aus dem Fahrzeug ist eigenartig. Auf dem kleinen Mond beginnt der Horizont bereits nach gut zwei Kilometern, und so kann ich nie weit blicken, sondern werde fortwährend überrascht durch neue Krater, Löcher, Wände und riesige Gesteinsbrocken, die vor uns auftauchen. *Tranquility Base* ist eingezäunt wie ein Naturschutzgebiet. Auf einem Aluminiumsteg dürfen wir uns dem goldglänzenden Landegestell der Mondfähre *Eagle* nähern. Unten ist der Boden übersät von den Fußspuren der beiden Apollo-Astronauten. Kein Wind und kein Regen zerstörte die Zeugen der Vergangenheit. Nach über fünfzig Jahren sind sie so frisch, als wären sie erst eine Woche alt. Nur ein paar Einschläge von Mikrometeoriten sind auf der Goldfolie des zurückgelassenen Landegestells zu sehen. Das Sternenbanner war vom Strahl des Starttriebwerks umgeworfen worden. Nun liegt es im Staub, aber längst hat man ein neues, größeres neben dem ersten Fußabdruck eines Menschen auf dem Mond aufgestellt. _____ Steve, unser Fahrer, mahnt zur Eile, und wir rumpeln über den von Felsbrocken übersäten Weg zurück. Es sind nur kurze Abstecher, die wir von der einigermaßen sicheren Basisstation aus unternehmen. Falls es große landschaftliche Attraktionen auf dem Mond gibt, so werden wir sie nicht erreichen. Zu den interessantesten Formationen, tröstet uns Steve, gehört unsere unterirdische Behausung selbst: eine der wenigen natürlichen Mondhöhlen, am Nordrand des Kraters Moltke. Den Krater erforschen wir – soll man sagen, am Nachmittag? Tageszeiten gibt es hier nicht. Wir befinden uns am Beginn eines zweiwöchigen Mond-Tages, während dem die Sonne langsam über den Himmel zieht. _____ Das Gehen ist 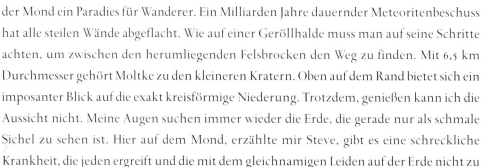 wegen des schweren Raumanzugs etwas beschwerlich, aber sonst ist der Mond ein Paradies für Wanderer. Ein Milliarden Jahre dauernder Meteoritenbeschuss hat alle steilen Wände abgeflacht. Wie auf einer Geröllhalde muss man auf seine Schritte achten, um zwischen den herumliegenden Felsbrocken den Weg zu finden. Mit 6,5 km Durchmesser gehört Moltke zu den kleineren Kratern. Oben auf dem Rand bietet sich ein imposanter Blick auf die exakt kreisförmige Niederung. Trotzdem, genießen kann ich die Aussicht nicht. Meine Augen suchen immer wieder die Erde, die gerade nur als schmale Sichel zu sehen ist. Hier auf dem Mond, erzählte mir Steve, gibt es eine schreckliche Krankheit, die jeden ergreift und die mit dem gleichnamigen Leiden auf der Erde nicht zu vergleichen ist. Heimweh.

❶ 3/37 Bau einer Raumstation, Klaus Bürgle *Das Aquarell von 1949 ist eine der frühesten seriösen Darstellungen des Themas überhaupt und kündigt schon die »Eroberung des Weltraums« an, die in den fünfziger und sechziger Jahren propagiert wurde. Leihgabe des Künstlers* ❷ 3/77 Der nächste Schritt zu fremden Himmelskörpern, Klaus Bürgle *1970 entführt uns die Grafik des Jahrbuchs »Das Neue Universum« in den Erdorbit, wo eine Rakete zum Mars startet. Am Bug befindet sich die Landefähre für den Roten Planeten. Auf der Rakete sitzt ein Space-Shuttle-ähnliches Gefährt, das der Crew als Kabine und am Ende der Reise zur Rückkehr auf die Erde dient. Leihgabe des Künstlers*

❶

DER SCHLÜSSEL ZUR ERFORSCHUNG UND NUTZUNG DER RESSOURCEN UNSERES SONNEN-

SYSTEMS IST DIE LÖSUNG DER TRANSPORTFRAGE. DIE LOGISTISCHE BRÜCKE ZU ANDEREN

HIMMELSKÖRPERN MUSS NICHT NUR SICHER, SONDERN AUCH ZUVERLÄSSIG UND ÖKO-

NOMISCH SEIN. RAUMTRANSPORTSYSTEME KÖNNEN SICH ABER NUR ENTWICKELN, WENN

DER MARKT VORHANDEN IST UND UMGEKEHRT. GEGENWÄRTIG IST NICHT DIE TECHNIK

DER HEMMSCHUH DER ENTWICKLUNG, SONDERN DER FEHLENDE POLITISCHE WILLE.

—— HEINZ-HERMANN KOELLE

❶ 3/12 **Weltraum-Cola-Auto-mat** *Bei zwei Space-Shuttle-Missionen der NASA flogen 1995 und 1996 auch Coca-Cola-Spender mit. Osnabrück, Franz-Herbert Heydt*

❷ 3/63 **Ham, Erró** *Der isländische Maler Erró (geb. 1932 in Olafsvík) verarbeitete in seiner »Série Spatial«, die er dem amerikanischen Raumfahrt-künstler Robert McCall zueignete, Bildmotive der NASA. Das Gemälde »Ham« aus dem Jahr 1975 kombiniert ein Portrait des 1961 ins All geschossenen Schimpansen mit einem Blick in eine Gemini-Raumkapsel, in der 1965 und 1966 jeweils zwei Astronauten die Erde umkreisten. Leihgabe des Künstlers*

❷

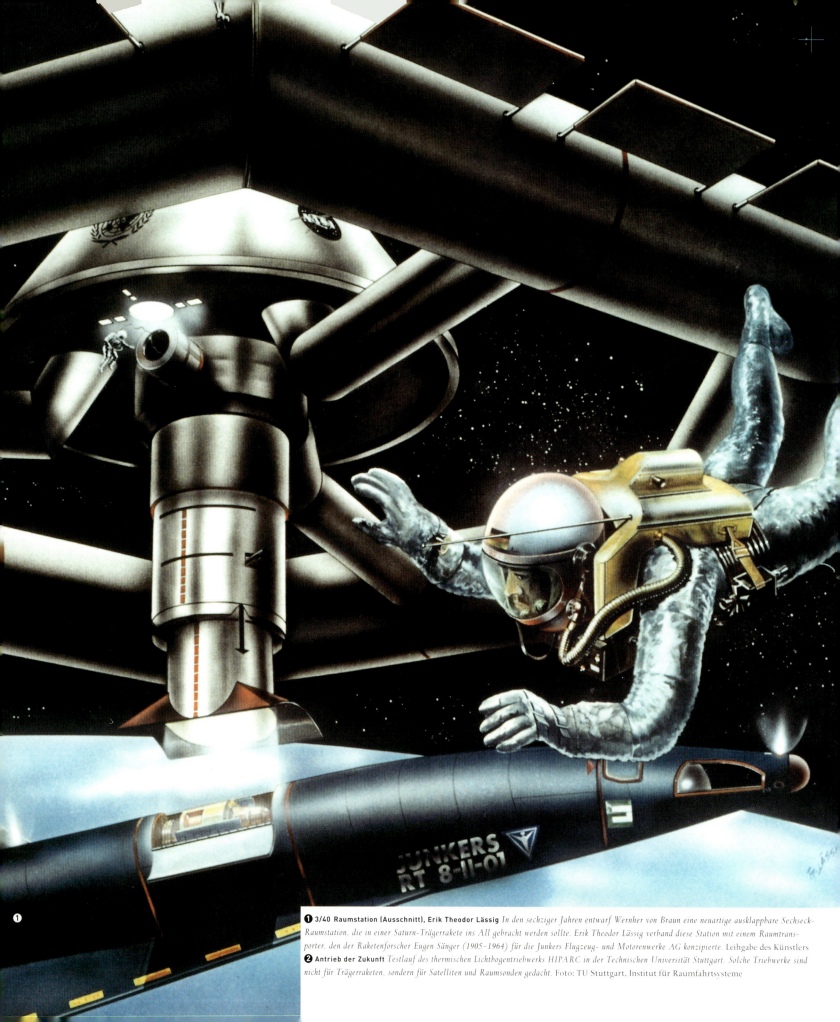

❶ 3/40 **Raumstation (Ausschnitt), Erik Theodor Lässig** *In den sechziger Jahren entwarf Wernher von Braun eine neuartige ausklappbare Sechseck-Raumstation, die in einer Saturn-Trägerrakete ins All gebracht werden sollte. Erik Theodor Lässig verband diese Station mit einem Raumtransporter, den der Raketenforscher Eugen Sänger (1905–1964) für die Junkers Flugzeug- und Motorenwerke AG konzipierte. Leihgabe des Künstlers*

❷ Antrieb der Zukunft *Testlauf des thermischen Lichtbogentriebwerks HIPARC in der Technischen Universität Stuttgart. Solche Triebwerke sind nicht für Trägerraketen, sondern für Satelliten und Raumsonden gedacht. Foto: TU Stuttgart, Institut für Raumfahrtsysteme*

❶

03 __ deep space)

RALF BÜLOW _____

Mit Ausnahme von neun Apollo-Mondflügen, von denen sechs zu Landungen führten, spielt sich die Astronautik in unserer unmittelbaren Nachbarschaft ab, auf Kreisbahnen von dreihundert oder vierhundert Kilometern über der Erde. Wie kommt ein Mensch so hoch hinauf? Entweder mit dem Space Shuttle der NASA oder an der Spitze einer russischen Rakete in einer Sojus-Kapsel. In diesem Fall wiegt das Ganze 310 Tonnen, wobei die Nutzlast aus Kapsel, Servicemodul und Orbital-kabine, die am Ende ins All gelangt, sieben Tonnen ausmacht. Die restlichen 303 Tonnen ent-fallen auf die Trägerrakete. Diese wird bekanntlich während des Starts Stufe um Stufe abge-stoßen, das heißt, immer wenn eine Stufe ihren Treibstoff aufgebraucht hat, wobei die leeren Teile beim Rücksturz zur Erde verglühen. _____ Aus ästhetischen wie ökonomi-schen Gründen werden schon lange Alternativen zum Wegwerf-Prinzip gesucht, Fahrzeuge, die in einem Stück starten und im Weltraum ankommen oder wenigs-tens aus Stufen bestehen, die nach Benutzung recycelt werden können oder aber eigenständige Fluggeräte darstellen, welche nach getaner Arbeit – der Starthil-fe für Oberstufen und Nutzlast – wie ein Flugzeug landen. Jahre des Tüftelns und Testens erbrachten in den USA ein erstes Resultat, das Space Shuttle, das 1981 den Jungfernflug absolvierte. Die Hauptstufe mit Cockpit und Laderaum landet so wie sie startet; die Feststoff-Hilfsraketen, die nach dem Ausbrennen ins Meer fallen, werden geborgen und an Land für den nächsten Flug flott gemacht. Einzig der große Tank am Bauch des Shuttle geht beim Start verloren. _____ Leider gelang es nicht, das Space-Shuttle-System zu einer kostengünstigen Arbeitsweise zu entwickeln, schon gar nicht zu einem kommerziellen Passagierverkehr. Denn das ist die Raumfahrt-Vision Nummer Eins für das neue Jahrhundert: dass auch Menschen, die nicht unmittelbar mit Astronautik zu tun haben, die Chance erhalten, einmal die Erde aus dem All zu sehen oder an einem orbitalen Weltraumhotel Halt zu

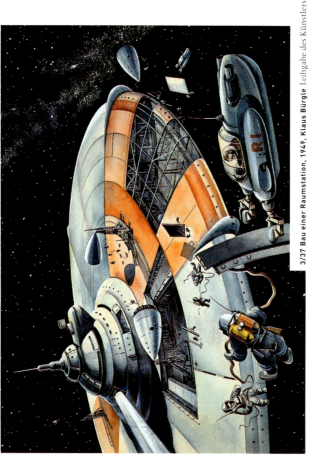

3/37 Bau einer Raumstation, 1949, Klaus Bürgle Leihgabe des Künstlers

Schwerelosigkeit _____ »Völlig losgelöst von der Erde schwebt das Raumschiff völlig schwerelos«, so lautete ein Schlagervers der achtziger Jahre. Die Schwerelosigkeit ist neben Vakuum und Nachtschwärze als Kennzeichen des Weltraums jedermann geläufig, der schon Fernsehaufnahmen gesehen hat von Astronauten und Kosmonauten im Space Shuttle oder in der »Mir«-Station – schwebend, rotierend und Salto schlagend. _____ In der Tat herrscht in einem Fahrzeug, das mit 28 000 Kilometern pro Stunde die Erde umkreist, Schwerelosigkeit oder Mikrogravitation, doch nicht, weil die irdische Gravitation im Weltraum plötzlich aufhört. Dass sie es nicht tut, beweist schon die Existenz des Mondes, den ja irgendeine Kraft auf seiner Bahn halten muss. Und wäre es möglich, einen 200 Kilometer hohen Turm zu bauen, so würde ein Mensch auf seiner Spitze – die sich bei dieser Höhe bereits im Weltraum befände – ein reduziertes Gewicht haben, doch nicht schwerelos sein. Allerhöchstens zwischen den Sternen, fern von anziehenden Massen, findet man so etwas wie absolute Schwerefreiheit. _____ Der Zustand in der Erdumlaufbahn ist eine »dynamische« Schwerelosigkeit, die dadurch entsteht, dass Objekte und Lebewesen eine nahezu ungestörte und

machen, um die Freuden der Schwerelosigkeit zu genießen. Mit Sojus-Rakete und Space Shuttle ist dieser Traum nicht zu erfüllen. Doch warum wird nicht einfach ein besseres System entwickelt, das beim Start »erhalten« bleibt, das mit zahlenden Kunden aufsteigt, die Erde umkreist und wieder landet, um alsbald mit frischgefüllten Tanks zum nächsten Flug anzutreten? _____ Die Antwort lautet: $v = c \ln M/m$. Das ist die »Raketengrundgleichung«, und sie besagt, dass das Tempo v einer Rakete von zwei Faktoren abhängt, der Geschwindigkeit c, mit der die Verbrennungsgase aus dem Triebwerk strömen, und dem natürlichen Logarithmus des Quotienten aus der Startmasse M und der Leermasse m, also Startmasse minus Treibstoff. Zu jenem Logarithmus braucht man nur zu wissen, dass er Zahlen in einer bestimmten

Weise verkleinert: ln 3 liegt etwas über 1, ln 8 etwas über 2, ln 20 beträgt nahezu 3 und ln 50 fast 4. Die Gleichung sagt im wesentlichen: Je »leerer« eine Rakete beim Aufstieg wird, umso schneller wird sie, ja am besten wäre, wenn am Ende kaum etwas von ihr übrig bliebe. Diese Logik führte zum Stufenprinzip, denn nur durch Abwerfen der jeweils verbrauchten Teile lässt sich die Spitze einer Rakete auf die 28 000 Stundenkilometer beschleunigen, die für eine Erdumlaufbahn erforderlich sind. Oder geht es auch anders? _____ Stellen wir uns ein Flug-gerät *ohne* Wegwerf-Stufen vor, etwa für Passagiere. Hier bleiben bei der Start- wie bei der Leermasse feste Posten: die Triebwerke, die Menschen an Bord, das Lebenserhaltungssys-tem, eine stabile Rakete, die am Schluss der Fahrt die Abbremsung in der Atmosphäre und die Landung auf der Erde übersteht. Diese Posten sind unver-zichtbar, und deshalb kann das kleine m nicht beliebig klein werden! Dadurch lassen sich die Raumfahrtingenieure aller-dings nicht entmutigen. Seit einem halben Jahrhundert spie-len sie mit den Faktoren der Gleichung und bringen immer wieder Vorschläge für neuartige Raketen heraus, die einstu-fig und zugleich in der Lage sein sollen, in den Orbit aufzu-steigen. Die jüngsten Varianten sind die japanische »Kankoh-Maru« für fünfzig Passagiere und der »Venture Star« der amerikanischen Firma Lockheed-Martin. Die einzige Chance, solche Konstruktionen zu realisieren, liegt in der Größe. »Kankoh-Maru« ist 24 Meter hoch, hat 18 Meter Durchmes-ser und wiegt 550 Tonnen beim Start. Die Maße für »Venture Star«: Länge und Breite 32 Meter, Startgewicht 1200 Tonnen. Da erscheint die Sojus-Rakete mit ihren 310 Tonnen direkt als Leichtgewicht. _____ Andere Ansätze bleiben bei zwei oder drei Stufen, die nach dem Start nicht verglühen, sondern wie-der verwendet werden. Beispiele sind die schon erwähnte »Neptune« sowie das »Hopper«-Konzept von DaimlerChrys-ler Aerospace, das eine Space-Shuttle-ähnliche Unterstufe verwendet. Diese landet nach dem Ausstoßen der Oberstufe wie ein Flugzeug; die Oberstufe, die im Gegensatz zur Unter-stufe verlorengeht, bringt die Nutzlast – die maximal 7,1 Ton-nen wiegt – in den Orbit. Leider eignet sich »Hopper«, der beim Start 328 Tonnen wiegen würde, nicht für den Passa-gierverkehr. Schließlich gibt es die verlockende Alternative, der Wegwerf-Methode treu zu bleiben und durch eine einfa-che Bauweise der Raketenstufen die Preise zu drücken. Diese Strategie der »Big Dumb Rock-ets«, der dicken dummen Raketen, stammt aus den USA, fand aber auch hierzulande schon Anhänger. _____ Doch muss es unbedingt ein Umlauf um die Erde sein ? Schon in einer bal-listischen Flugbahn würde ein Weltraumtourist einige Minuten lang im richtigen Weltraum sein, die Schwerelosigkeit spüren und den Anblick des Blauen Planeten erleben. Für eine sol-che Bahn benötigt man weder »Kankoh-Maru« noch »Venture Star«. Es genügt ein Raketen-flugzeug, das in einen steilen Steigflug geht und nach Abschalten des Triebwerks wie eine Kanonenkugel weiter aufwärts strebt und dann nach unten fällt, um in dichten Luftschichten wieder den angetriebenen und gesteuerten Flug aufzunehmen. Während eine orbitale

annähernd kreisförmige Bewegung im Gravitationsfeld der Erde vollführen, quasi einen Fall um die Erde herum. Ganz ähnlich, nur eben geradeaus, bewegen sich Objekte, die von einem Turm fallen – der Luft-widerstand sei hier vernachlässigt –, und diese Objekte sind während des Falls schwerelos. Schwerelosig-keit herrscht auch an Bord eines Flugzeugs, das einen Parabelflug unternimmt, einen Steig- und Sinkflug gleich dem einer abgeschossenen Kanonenkugel. Es ist also keinesfalls so, dass dabei die Mikrogravita-tion des Weltraums »simuliert« würde; das physikalische Phänomen ist jeweils exakt dasselbe. _____ Wäh-rend kurze Erlebnisse der Schwerelosigkeit, wie Teilnehmer an Parabelflügen bezeugen, viel Spaß machen, schaden ausgedehnte Aufenthalte der Gesundheit: Langzeit-Kosmonauten mussten in der »Mir«-Station täglich ihre Muskeln trainieren. Die körperlichen Folgen der Mikrogravitation lassen sich auf der Erde sehr einfach herbeiführen, nämlich durch konstantes Liegen, und bei raumfahrtmedizinischen Experimenten brachten Versuchspersonen mitunter Wochen im Bett zu.

Passagierrakete auf 28 000 Stundenkilometer kommen muss, reichen bei ballistischen Flügen 5000 Stundenkilometer, und solche Unternehmungen lassen sich auch mit kleineren Fahrzeugen realisieren. ———— Zu den Herausforderungen des 21. Jahrhundert zählt der Bau von Marsraumschiffen, von Erde-Mond-Verbindungen, von »Single Stage to Orbit«-Vehikeln und »Reusable Launch Systems«, schließlich die Verknüpfung der Raumfahrt mit Luftfahrt, mit Nano- und Biotechnik, mit Informatik und Internet. Sobald Menschen ins Spiel kommen, ist die Raumfahrt wieder die klassische Großtechnik, und das wird noch eine Weile so bleiben. In Zukunft wird es vermutlich auf der einen Seite zunehmend miniaturisierte *Satelliten*, andererseits deutlich größere *Raketen* geben. ———— In gewissem Sinne werden wir im 21. Jahrhundert den Weltraum aber auch auf der Erde erobern. Es ist damit zu rechnen, dass die Displaytechnik in den nächsten Jahrzehnten weitere Fortschritte machen und nicht nur preiswerte, sondern auch große Flachbildschirme in die Läden bringen wird. Damit wird das hochauflösende Fernsehen HDTV, das in den frühen neunziger Jahren Schlagzeilen machte, wieder attraktiv, und die HDTV-Programmgestalter werden sich überlegen, ob nicht Live-Übertragungen von der »Internationalen Raumstation«, vom Mond oder gar vom Mars ein Publikum fänden. Das gilt analog für die populären IMAX-Theater, auf deren gigantischen Leinwänden bereits in den achtziger Jahren Filme über Space-Shuttle-Missionen zu sehen waren. Und wer es interaktiv haben möchte, besucht vielleicht in zehn Jahren einen »Weltraumpark« oder ein »Space-Camp«, um per Fernsteuerung ein Mondauto zu lenken. Zumindest der virtuellen Raumfahrt sind jedenfalls kaum Grenzen gesetzt.

❶

❷

❶ **3/74 Modell einer Marsrakete** *Dieses Modell verkörpert einen amerikanischen Entwurf von 1965 für ein »Mars Stopover Vehicle«. Den Schub der 200 Meter langen Rakete liefern vor allem Nukleartriebwerke des Typs NERVA. Die Crew landet mit einem Fahrzeug, das auf der Apollo-Mondfähre basiert, auf dem Roten Planeten.* TU Berlin, Institut für Luft- und Raumfahrt ❷ **3/15 Mars 2057** *1990 publizierten Ingenieure der japanischen Firma Obayashi ein detailliertes Konzept für eine Marssiedlung, in der beim hundertsten Jubiläum des »Sputnik«-Starts 150 Menschen leben sollen.* Tokyo, Obayashi Corporation

In der gebräuchlichen Definition bezeichnet »Weltraumtourismus« den Akt des Reisens in den Weltraum und zurück, ausgeführt von gewöhnlichen Menschen, die Tickets gekauft haben wie bei einer normalen Flugreise. Das Bild des Weltraumtouristen existiert im öffentlichen Bewußtsein seit 1968, als Stanley Kubricks Film *2001 — Odyssee im Weltraum* in den Kinos lief. Einer der Protagonisten, Dr. Heywood Floyd, nimmt eine Raumfähre der PanAm – die Fluglinie gab es damals noch –, macht einen Zwischenstopp im Orbitalhotel von Hilton und fliegt dann weiter zum Mond. Das sah am Vorabend der Mondlandung durchaus realistisch aus, und schon 1967 hatte der Hotelier Barron Hilton auf einem Raumfahrtkongress über »Hotels in Space« referiert. In den folgenden Jahren, angesichts der spektakulären Apollo-Missionen, dachte man noch, dass die erzielten Erfolge schnell zu einem breiten Einsatz bemannter Raumtransportsysteme führen würden. Jugendbücher aus den Tagen der Mondlandung sparten nicht an Hinweisen auf zukünftige Raketen für kommerzielle Passagierflüge, die in den achtziger Jahren ihren Betrieb aufnehmen sollten. ——— Bedauerlicherweise, zumindest für diejenigen, die von einem Flug in den Weltraum träumten, nahm die Entwicklung dann einen anderen Verlauf. Zwar gab es Pläne der NASA, das in den siebziger Jahren entwickelte Space Shuttle – das einzige Transportsystem, das dem PanAm-Raumgleiter in gewisser Weise nahe kommt – für zahlende Privatleute zu öffnen, und Anfang der achtziger Jahre kursierten sogar Entwürfe für ein »Touristen-Shuttle« mit 74 Sitzplätzen. Doch die Befürworter dieses Konzepts wurden durch die betriebliche Realität, vor allem durch Kosten- und Sicherheitsprobleme, bald zum Umdenken genötigt, und die NASA-Raumfähre blieb für den Passagiertransport gesperrt. ——— Leider ist das Shuttle aus der Sicht von potenziellen Weltraumtouristen ein schlechter Kompromiss, bei dem die Minimierung der Entwicklungskosten durch überhöhte Betriebsausgaben erkauft wurde. Wenn er dürfte, müsste ein Kunde für ein kostendeckendes Ticket etwa 100 Millionen Dollar anlegen. Da ist es nur ein schwacher Trost, dass die Russen Mitflüge in ihren Sojus-Raumkapseln schon ab etwa 10 Millionen Dollar anboten. Weltraumtourismus im Sinne der eingangs gegebenen Definition ist das jedenfalls nicht. Auch zu Weltraumhotels wie der in *2001* gezeigten Raumstation existiert kein reales Gegenstück. Es gab bereits mehrere bemannte Raumstationen wie das amerikanische »Skylab« oder die russische »Mir«, aber für diese wie auch für die im Aufbau befindliche Internationale Raumstation ISS waren keine Einrichtungen für Weltraumtouristen vorgesehen. Vielleicht lassen sich die ISS-Betreiber, also die diversen Raumfahrtbehörden, in ein paar Jahren dazu überreden, ein kommerziell betriebenes Wohnmodul für Touristen anzudocken. ——— Es bleibt also zur Jahrtausendwende die traurige Feststellung, dass der 1968 mit großer Kühnheit im Film dargestellte Weltraumtourismus ein Traum blieb. Die staatlichen Raumfahrtprogramme mit ihrer mangelnden Orientierung an den Bedürfnissen und Wünschen ihrer Endkunden, den Steuerzahlern, haben es

059

❶
❷

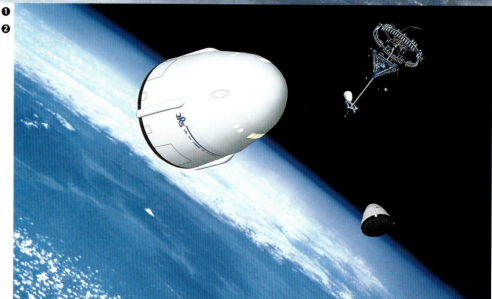

nicht vermocht, ihre Weltrauminfrastruktur für die öffentliche Nutzung zu öffnen. _____ Doch es gibt Hoffnung. In der Industrie sucht man schon lange nach der »Killerapplikation«, welche die seit Jahren sinkenden staatlichen Raumfahrtaufträge mit privater Nachfrage kompensieren soll. Hier drängt sich der Tourismus, der noch bis weit in die neunziger Jahre hinein verlacht wurde, förmlich auf. Eine wachsende Zahl von Marktstudien legt nahe, dass Anbieter von Weltraumreisen mit einer riesigen Nachfrage rechnen können. Je nach Ticketpreisen – angepeilt sind Beträge unter 100 000 Dollar – darf man von einem Marktvolumen zwischen zehn und zwanzig Milliarden Dollar weltweit pro Jahr ausgehen. _____ Wer aber baut die Raketen und die Hotels? Die wichtigste Voraussetzung für den Weltraumtourismus ist nämlich ein zuverlässiges Transportsystem, das minimale Betriebskosten mit maximaler Sicherheit für die Passagiere verbindet. Anfangs gab es noch die Hoffnung, sich an staatliche Raumfahrtprogramme anzuschließen, um fertig entwickelte Systeme, quasi als Zusatznutzen, später in einem kommerziellen Markt anzubieten. Einige vielversprechende Konzepte sind so entstanden, etwa der deutsche Hyperschall-Technologieträger »Sänger«. Er sah für den Passagierdienst ein Raketenflugzeug vor, das von einer Art Super-Concorde in die Stratosphäre gehoben wird und dann mit bis zu vierzig Passagieren in die Umlaufbahn fliegt. Doch »Sänger« erging es genau so wie vielen anderen Konzepten aus Europa, Japan und den USA: Es gelang nicht, die staatlichen Entwicklungsbudgets zu sichern. _____ Selbst bei der zur Zeit in den USA von der Firma Lockheed Martin für die NASA entwickelten X-33 – Kosten für die Steuerzahler: knapp eine Milliarde Dollar – streiten sich die Experten, ob sie jemals zu einem kommerziell nutzbaren Shuttle-Nachfolger namens »Venture Star« führen wird. Der Entwicklungsplan hat sich schon jetzt erheblich verzögert. So glaubt in der Raumfahrtgemeinde inzwischen niemand mehr, dass der Staat zum Weltraumtourismus verhilft, selbst wenn die NASA dessen Machbarkeit schriftlich bestätigte. Vielmehr setzte sich die Einsicht durch, dass der Schlüssel zum »Public Access to Space« in privat finanzierten Unternehmungen liegt. So gibt es für künftige Hotels im Orbit inzwischen zahlreiche Konzepte; das bekannteste stammt von der japanischen Baufirma Shimizu und hat sich seit seiner Erstpräsentation 1989 geradezu als Paradigma für Weltraumhotels etabliert. Technisch ausgereiftere Entwürfe stellte auch DaimlerChrysler Aerospace (DASA) vor, jene deutsche Firma, in der man vor 1995 noch ausgelacht wurde, wenn man das Thema nur erwähnte. Aber was soll ein Hotel, zu dem der Tourist nicht hinkommt? Auch hier musste die Industrie eigene Ideen entwickeln. Kawasaki Heavy Industries stellte beispielsweise einen Entwurf für eine Touristen-Rakete »Kankoh-Maru« für 50 Passagiere vor. Ein Nachteil sind allerdings die Entwicklungskosten von etwa sieben Milliarden Dollar. _____ Weil so etwas nur schwer privat zu finanzieren ist, gibt es einen Trend zu kleineren Konzepten, die für deutlich unter einer Milliarde Dollar zu realisieren wären. So entstanden in den letzten Jahren vor allem in den USA neue Firmen mit mehr oder weniger ausgereiften Ideen, die den Raumtransportmarkt der Zukunft aufmischen wollen. Aber ihnen fehlt gleichermaßen das Geld, um ihre Vehikel zu bauen und auf den Markt zu bringen. _____ Diesem Missstand will seit 1995 eine Stiftung mit der Ausschreibung des *X-Prize* abhelfen. Das ist ein Preis für das erste private Team, das es schafft, drei Passagiere mit einem Raumfahrzeug auf mindestens 100 Kilometer Höhe zu schießen. Hier geht es also nicht mehr um Flüge in eine Umlaufbahn, sondern nur noch um suborbitale »Hopser« mit maximal fünfzehn Minuten Flugdauer, wie sie 1961 Alan Shepard und Gus Grissom in ihren »Mercury«-Kapseln vollführten. Unbestreitbarer Vorteil eines derartigen Flugprofils sind die deutlich geringeren Anforderungen an das Fahrzeug, das erheblich kostengünstiger gebaut werden kann als eine Rakete, die in die Umlaufbahn aufsteigt. _____ Der *X-Prize* hat inzwischen fünf Millionen Dollar Preisgeld in der Kasse, die noch auf zehn Millionen anwachsen sollen, und bislang haben sich mehr als ein Dutzend Teams als Anwärter gemeldet. Als einer der aussichtsreichsten Bewerber gilt das englische Unternehmen Bristol Spaceplanes Ltd, das mit einem schnittigen Raketenflugzeug namens »Ascender« später regelmäßige Suborbitalflüge anbieten will. Allerdings: Selbst ein kleines Projekt wie »Ascender« verzehrt mehrere zehn Millionen an Entwicklungskosten, die erst einmal aufgebracht werden müssen. Und im Zeitalter von Shareholder Value ist es notwendig, den potenziellen Geldgebern zu beweisen, dass Investitionsobjekte mindestens ihre Kapitalkosten einspielen. Und die sind nicht gerade gering: im Bereich Weltraumtourismus liegen sie schätzungsweise bei 18 bis 20 Prozent pro Jahr. Wie man am grandios in

❸

Konkurs gegangenen Telefonsatelliten-System Iridium sehen kann, ist es manchmal sehr schwer, die Geldgeber von privaten Weltraumunternehmen zufrieden zu stellen. _____ Der künftige Unternehmer, der Weltraumreisen anbieten will, muss also zuallererst einmal Investoren aufspüren, und das im Raumfahrtmarkt, von dem Investmentbanker traditionell wenig verstehen. In der heutigen Zeit, in der Risikokapital bevorzugt in Internet-Firmen fließt, wird es deshalb sehr schwer, etwa an der Wall Street Geld für ein Weltraumprojekt zu bekommen. »The biggest challenge for us is raising capital, plain and simple«, klagt Bob Davis, Chef der jungen Raketenfirma Kelly Space, stellvertretend für viele andere. _____ Fazit: Die Verwirklichung des Traums vom Weltraumtourismus hängt nicht an der Technik, sondern ganz profan am Geld. Was wirklich zählt, ist nicht *Rocket Science*, sondern *Rocket Finance*.

03_2

)alternative weltraumfahrt_____ THOMAS STINNESBECK

Raumfahrt steckt in der Krise. Nicht nur in einer ökonomischen Dauerzwangslage, sondern in einer echten Sinnkrise. Raumfahrt, sofern sie überhaupt stattfindet, bewegt sich im Kreis, im wahrsten Sinne des Wortes, nämlich immer um die Erde herum. Herausgekommen ist dabei – und das gehört zu einer ehrlichen, wenn auch ernüchternden Betrachtung – so gut wie nichts. Heute, nach immerhin fast vierzig Jahren bemannter Raumfahrt, gibt es kein einziges Produkt »Made in Space«. Es gibt kein einziges Vorprodukt. Es gibt kein einziges Verfahren, welches die Industrie benötigt und welches nur in der Schwerelosigkeit funktioniert. Schlimmer: es gibt fast kein Interesse der Industrie weltweit an Raumfahrt, es sei denn, ein Unternehmen kann Hardware liefern, die es sich natürlich teuer bezahlen lässt. _____ Die meisten der sogenannten Spin-Offs sind als Enten entlarvt, nicht nur die ominöse Teflonpfanne. Keine der heutigen Schlüsselindustrien, sei es EDV, Mikroelektronik, Nanotechnologie oder Gentechnik, basiert in irgendeiner Weise auf Raumfahrt oder Erkenntnissen, die dort gewonnen wurden und nur dort gewonnen werden konnten. Raumfahrt ist zu einer Subventionsbranche hinabgesunken, deren Manager nicht müde werden, Geld zu reklamieren, sonst würden wir den Anschluss verpassen oder es gingen High-Tech-Arbeitsplätze verloren. Schiffbau und Kohle lassen grüßen! _____ Es ist Zeit für eine alternative Weltraumfahrt. _____ Wissen Sie, was es kostet, einen Astronauten in den Weltraum zu schicken? Ungefähr zwei Millionen DM. Nicht gerade billig. Und die Zahl bezieht sich auf einen Menschen im »Naturzustand«. Der Raumanzug braucht noch einmal eine gute Million extra. Damit die einzelnen Transportsysteme vergleichbar sind, ist eine Angabe der Kosten pro Kilogramm Nutzlast sinnvoll. Diese betragen beim Space Shuttle gut 25000 DM. Es sind dies Aufwendungen, die unmittelbar mit einem Start verbunden sind, also für Treibstoffe, Bodenmannschaften, Bergung und Umrüstung von Start zu Start. Leider sieht es bei den unbemannten Transportern, so auch bei der neuen europäischen Rakete »Ariane 5«, nicht viel besser aus. Hier liegen die Kosten zwar um ca. dreißig Prozent darunter, das ist aber immer noch teuer. Und auch hier ist die Kalkulation nicht ganz fair, sprich betriebswirtschaftlich korrekt,

❶ Sojus-Start *Das »Arbeitspferd« der russischen bemannten Raumfahrt war die Sojus-Rakete mit einer Raumkapsel für zwei oder drei Kosmonauten.* Foto: Sammlung Ralf Bülow

❷ Vorstoß ins All *Der amerikanische Raketenforscher Frank Malina (1912–1981) konstruierte 1945 mit der »WAC Corporal« die erste Höhenforschungsrakete.* Foto: Marjorie Malina

❸ Alternatives Antriebssystem *Hybridraketen-Treibsätze sind ungefährlich und kostengünstig herzustellen.* Foto: Thomas Stinnesbeck

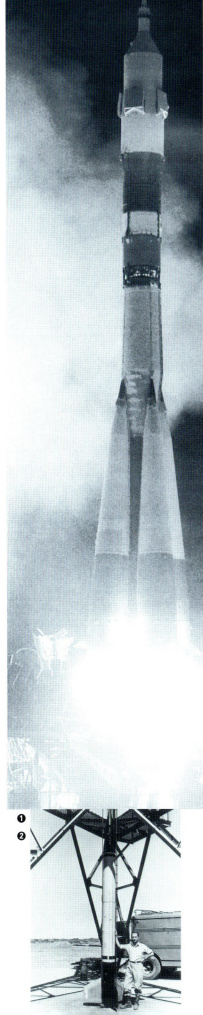

denn die Entwicklung wird auf den Steuerzahler abgewälzt. ____ Solange nicht eine substanzielle Reduktion der Startkosten erfolgt, ist der Menschheitstraum von der Eroberung des Weltalls schon an dieser Stelle ausgeträumt. Es muß gelingen, sie um den Faktor zehn bis hundert zu senken, aber wie? Da hat die Industrie schon ganz klare Vorstellungen: mehr Hightech, völlig neue Transportsysteme müssen entstehen. Vor allen Dingen müssen Träger her, die von jedem Flughafen der Welt starten können, die wie ein Flugzeug landen, kurz aufgetankt werden und dann gleich wieder losfliegen. Das Ganze muss vollständig wiederverwertbar sein. Dies bedeutet aber auch, dass unterwegs keine Stufen abgeworfen werden, alles muss also einstufig sein – Raumfahrt als eine Fortsetzung der Luftfahrt. ____ Eine schöne Vision und ein hochgestecktes Ziel, technisch gesehen. Die USA arbeiten derzeit zwar an einem solchen System, jedoch ist die technische Machbarkeit völlig offen. Vieles muss neu entwickelt werden in puncto Materialien, Konstruktion, Hitzeschutz und Leichtbauweise, es sind langlebige Triebwerke erforderlich, die es so in der Raumfahrt nicht gibt. Die Ingenieure diskutieren diese Probleme heiß. Unstrittig hingegen ist, dass solche Systeme auf

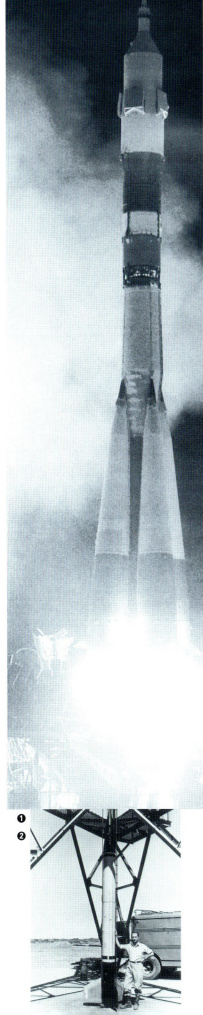

❸

jeden Fall teuer werden. Das deutsche Projekt »Sänger«, ein Konzept für einen vollständig wiederverwertbaren zweistufigen Raumgleiter, sollte etwa 45 Milliarden DM in der Entwicklung kosten, eine Industriezahl, noch dazu eine aus den achtziger Jahren. Dabei ist die Nutzlast eines Sänger mit rund zehn Tonnen viel zu klein, um im All eine Infrastruktur aufzubauen, also Raumstationen, eine Mondbasis, ein Marsfluggerät und dergleichen. Nun ist die Frage nach der Senkung der Startkosten nicht neu. Die Militärs, die einst große Visionen von Kampfstationen und Abwehrsystemen im All hegten, ließen sie bereits in den sechziger Jahren eingehend untersuchen. Entsprechende Reports wurden allerdings lange Zeit unter Verschluss gehalten. Die Öffentlichkeit erfuhr davon erst 1987 durch einen Artikel im amerikanischen Magazin *Newsweek* mit dem Titel »Big Dumb Rockets«, d.h. große dumme Raketen. ____ Müssen Raketen so teuer sein? Fragen wir uns doch, was eine Rakete ausmacht. Sie besteht zu neunzig Prozent aus Tank und Treibstoff. Dann kommen die Triebwerke, und ein Steuersystem muss sie natürlich auch haben. Den Treibstoff fördert man entweder mit Turbopumpen oder mit Druckgas. Turbopumpen sind komplex, aber nicht komplizierter als ein Automotor mit Turbolader, und solche Motoren, das wissen wir alle, werden hunderttausendfach gebaut und sind bezahlbar. Das Triebwerk ist entgegen der allgemeinen Ansicht besonders einfach konstruiert. Es ist im Grunde ein Einzylindermotor ohne Kolben. Die Steuerung wird sicher teuer sein, aber sie kann in der Nutzlast untergebracht werden, etwa in einer Kapsel, die man nach dem Flug birgt und immer wieder aufs Neue verwendet. Zu Apollo-Zeiten füllte der Bordcomputer für den Start noch einen ganzen Raum: er war in der dritten Stufe der »Saturn 5« installiert. Heute würde wohl ein PC für tausend DM die gleiche Leistung erbringen. Damit fällt der Mythos der Rakete als das komplizierteste technische Gerät, das wir kennen, in sich zusammen, ein Mythos, der seit den Tagen Wernher von Brauns stets gepflegt wurde. Gehen Sie in ein Raumfahrtmuseum. Schauen Sie sich Triebwerke an. Kompliziert – ja, Millionenwerte – nein! ____ Interessant ist, dass in den sechziger Jahren amerikanische Firmen mit Billigraketen experimentierten. Keine Garagenfirmen, sondern die *Crème* der Luft- und Raumfahrtindustrie. Mit dabei waren u.a. Boeing, Lockheed und TRW – diese Firma baute den Motor der Apollo-Mondfähre. TRW baute und testete erfolgreich ein Triebwerk mit 80 Tonnen Schub, das Kerosin und Sauerstoff

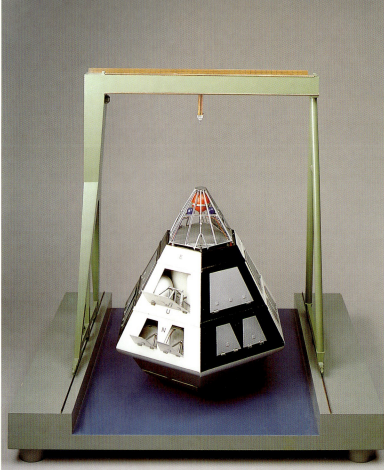

❶ ❷

❶ 3/18 S 2.1-Brennkammer
*Während des Zweiten Welt-
kriegs entwickelte die Heeresversuchsanstalt Peenemünde neben
der Rakete V2 bzw. A4 die 8,9
Meter lange »Wasserfall«, die
über Versuchsflüge nicht hinaus-
kam. Ihr Triebwerk diente in
den fünfziger Jahren dem russischen Konstrukteur Alexej
Issajew (1908–1971) als Basis
für sein Triebwerk S 2.1, das
in die zweite Stufe der Flugabwehrrakete W-750 »Dwina« ein-
gebaut wurde. Dresden, Lehrsammlung Deutsche Raketentechnik*

**❷ 3/70 Modell der Großrakete
»Neptun« von Heinz-Hermann
Koelle, um 1970** TU Berlin,
Institut für Luft- und Raum-
fahrt

❸ Modell des »Hopper«
*Von DaimlerChrysler Aerospace
stammt die Idee eines wieder-
verwendbaren Trägersystems
mit drei Ariane-5-Triebwerken.*
Foto: DaimlerChrysler Aerospace AG

verbrannte. Es wurde bei einer Stahlbaufirma nach Schiffsbautoleranzen regelrecht zusammengeschweißt. Bau und Tests kosteten lediglich 60 000 Dollar! Zum Vergleich: das Haupttriebwerk der »Ariane 5« liefert auch 80 Tonnen Schub und verschlang zwei Milliarden DM in der Entwicklung. Boeing baute für das TRW-Triebwerk eine Tankkombination, ebenfalls unter Werftbedingungen. Man verglich dann die Kosten auf Kilo-Basis mit den in der Raumfahrt üblichen Preisen. Das Ergebnis: ein Unterschied um mehr als den Faktor hundert! ＿＿＿ Billigraketen sind also möglich. Reduktionen der Startkosten um das Hundertfache erscheinen realistisch, und zwar ohne dass technologische Durchbrüche stattfinden oder Milliarden DM in Entwicklungsprojekte mit ungewissem Ausgang fließen müssen. Gelegentlich wird behauptet, dass Raumfahrt nur dann eine Zukunft habe, wenn man wie mit dem Flugzeug starten und landen kann. Dabei haben diese beiden Transportarten wirklich nichts miteinander zu tun. Stellen Sie sich vor, man hätte zu Beginn des Luftverkehrs gesagt, Flugzeuge würden sich nur dann durchsetzen, wenn sie die existierenden Bahnhöfe benutzten. ＿＿＿ Es gibt nun auch Alternativen zu den heute üblichen komplizierten Flüssigkeitstriebwerken und ebenso zu den sogenannten Feststoffboostern, die ja nichts anderes sind als langsam abbrennende Sprengstoffe. Wir meinen die Hybridrakete. Solche Raketen verwenden die Kombination eines festen und eines flüssigen Treibstoffs. Zum Einsatz kommt meist flüssiger Sauerstoff, der die Verbrennung der festen Komponente in Gang hält, wobei die Rückstoßgase freiwerden. Bemerkenswert ist, dass sich die beiden Komponenten bei einem Defekt nicht plötzlich vermischen können. Mit anderen Worten: Hybridraketen explodieren nicht. Hinzu kommt, dass sie recht leistungsfähig sind. Sie stehen den klassischen Feststoffen oder einer Kerosin-Sauerstoff-Paarung in nichts nach. Außerdem sind sie umweltfreundlich. Bei jedem Start eines Space Shuttle entstehen gut hundert Tonnen Salzsäure, die in die obere Atmosphäre eingetragen werden und von dort auf die Natur hinunterrieseln. Die »Ariane 5« ist leider kaum besser. Hybridtreibstoffe hingegen verbrennen sauber. Im Prinzip entstehen nur Kohlendioxyd und Wasser. Dabei sind die festen Komponenten in der Regel Kunststoffe, die wir alle kennen, z.B. Polyäthylen, der häufigste Haushaltskunststoff überhaupt und unter den Kunststoffen das häufigste Recyclingmaterial. Ein anderer guter Treibstoff wäre Polybutadien, besser bekannt als Reifengummi. Für Altreifen gibt es übrigens bislang kein überzeugendes Verwertungskonzept. Hier haben Sie eines: Mit Müll zu den Sternen. ＿＿＿
Ein Schlusswort: Wir sagen nicht, dass alle High-Tech-Forschungen einzustellen sind. Schließlich ist die Ariane-Rakete ja ein kommerzieller Erfolg, jedenfalls die bisherige Version »Ariane 4«. Aber wir meinen, dass eine Technologiealternative unbedingt eine Chance bekommen muss. Ein Bruchteil der Budgets für konventionelle Projekte würde ausreichen, um eine Entwicklung anzuschieben, die einen Fortschritt bewirken kann wie vom Postflieger zum Flug für die Massen. Und dann werden wir sicher auch den Weltraum erobern.

❸

des weltraums —— RICHARD SEABRA

Kunst im Weltraum. Weltraumkunst. Kulturelle Nutzung der Internationalen Raumstation. Man glaubt es kaum, doch solche Begriffe werden seit kurzem in der Kunst- wie in der Raumfahrtszene hin und her geworfen. Die Menschheit beginnt zu begreifen, dass der Weltraum mehr ist als reine Wissenschaft. ——— Seit Februar 1999 beschäftige ich mich mit möglichen Entwürfen für ein Kunstmodul der Internationalen Raumstation, eine Kabine, in der Künstler beim Umkreisen der Erde schöpferisch tätig werden könnten; ich nenne es das ISADORA-Modul. Es verdankt seinen Namen Isadora Duncan, Mutter des modernen Balletts und Forschungsreisende jenseits der Grenzen strenger Choreografie. Grundlage für die Gestaltung eines solchen Moduls ist, dass seine Innenausstattung den Künstler oder die Künstlerin bei der Reise in das ungeheure poetische Potenzial des Weltraums umhüllen muss. ———Als Künstler, Designer, Tänzer und Freund des Tanzes begann ich meine Recherchen für das ISADORA-Modul in der Überzeugung, dass das Ballett die Kunstform wäre, die den größten Gewinn aus der Schwerelosigkeit zieht; daher der Name ISADORA. Es schien alles so klar: die Physik des Tanzes auf der Erde ist unlösbar mit der Gravitation verbunden: man kann ihr widerstehen oder ihr nachgeben. Wenn nun die Schwerkraft fehlt, was bleibt dann? Widerstand gegen die Bewegung einer Masse oder Nachgeben? Ja, aber nur, wenn wir annehmen, dass ein Tänzer im Weltraum die Schwerelosigkeit erkunden will. Doch die Poetik des Kosmos ist so groß wie der Kosmos selbst − und die Seele wird das erkennen, sobald sie dort oben ist. ——— Die Wahrheit ist, dass es glücklicherweise unmöglich ist zu sagen, was Künstler im Weltraum tun werden. Und aus diesem Grunde allein sollten sie am Abenteuer der Internationalen Raumstation teilnehmen. Künstlerische Aktivität in der unverfälschten und − vom Standpunkt der Kunst − nie betretenen Dimension des Weltraums wäre reinste Forschung, zufälligste Fahrt. ——— Ich stelle mir vor, dass es eine anfängliche Scheu geben wird, welche die ersten kosmischen Kunstwerke ungeschickt oder sogar naiv erscheinen lässt. Während meiner Untersuchungen von ISADORA beschloss ich eines Tages, das Modul zu besteigen − in meiner Fantasie − und zu sehen, was passiert. Ich nahm Bleistift und Papier und kletterte hinein: Ich knipste keine Lichter an. Ich stieß mich nicht von den zylindrischen Wänden ab. Ich sagte kein Wort. Ich fand mich sprachlos vor dem anderthalb Meter breiten Fenster, durch das ich auf die Erde hinabsah. Ich schwebte bewegungslos vor dem Fenster, derart auf die Erde konzentriert, dass ich nicht einmal blinzelte. Ich hielt mich nirgendwo fest und schwebte bewegungslos vor dem Fenster. Mein Gesichtsfeld wurde enger und die Wände von ISADORA lösten sich auf. Ich merkte, dass ich ganz allein um die Erde kreiste, ohne ISADORA-Modul um mich herum und ohne Weltraumstation. Ich hielt mich in dieser Lage so lange wie nur möglich und atmete ganz vorsichtig, um mich nicht zu überschlagen und die Wände zu berühren, was die Illusion zerstört hätte. Ich schwebte über Meere und Kontinente und dann in den schwärzesten und ruhigsten Schatten, der je über mich hereinbrach. Die Dunkelheit wurde durch winzige Blitze unterbrochen; Tropengewitter 450 Kilometer unter mir, wahrgenommen als invertierte Sonnenflecken auf der Netzhaut. Anderthalb Stunden später rief ich den Sonnenaufgang herbei und kam zum Meer zurück, wo ich den Orbit begonnen hatte. Bei der Rückkehr zum Ausgangspunkt schoss mir sogar der Gedanke durch den Kopf: »Schau, Mutti, freihändig! Einmal um die Erde!« Und weil ich zu einem Ort zurückkehrte, der relativ nahe bei meinem Ausgangspunkt lag, nach einer Reise von 40 000 Kilometern, schien die Gravitation nicht mehr ein Gesetz der Physik zu sein, sondern eines der Gesetze, die uns immer mehr wollen lassen, die Gesetze der Treue, der tödlichen Zuneigung oder der bedingungslosen Liebe. _____ Ich breite hier meine imaginären Erfahrungen in ISADORA aus, um zu zeigen, was das Auslösen des poetischen Bildes nach sich zog. Es bewirkte das Unerwartete: meine Ablehnung, die Gegenwart des Moduls anzuerkennen, das ich nun so lange untersucht hatte. _____ Das Unbekannte dieser neuen Dimension wird uns zweifellos mit neuen Formen, Bildern und Begriffen überraschen, die aus den neunzig Prozent unserer Seele strömen werden, von deren Existenz wir keinen blassen Schimmer hatten. Tänzer werden uns mit ihren akrobatischen Sprüngen und Kontaktimprovisationen verzaubern, aber sie werden sicherlich mehr spüren als Muskeln, Knochen und Bewegung. Theatermacher und Schauspieler werden uns aus ihren neugefundenen unerschlossenen Tiefen bewegen. Natürlich können sie in Fernsehsendungen vor einem Milliardenpublikum auftreten, aber vielleicht ziehen sie es vor, ihre Stücke einer minimalen Zuschauermenge von sieben Astronauten an Bord der ISS zu zeigen. Und Astronauten brauchen durchaus keine passiven Konsumenten dieser seltsamen neuen Werke zu sein, sondern können zur Quelle von Stoffen werden oder vielleicht auch zu einem neuen Medium für den Künstler. Zur Musik fällt mir nur ein, dass ich liebend gerne hören würde, was die Nachfolger von Björk & Tricky im Weltall komponieren, ganz zu schweigen davon, wie Musiker wie Missy Elliot und die Red Hot Chili Peppers tanzen und wie sich benehmen werden. Was Kunstinstallationen angeht, möge man sich nur einmal in geometrischen Formen aufgehängte schwingende Flüssigkeiten vorstellen oder Installationen außerhalb der Module, wie sie neben der ISS in einem kosmischen Skulpturengarten schweben. _____ Aber natürlich sind diese Künste alle »irdisch«. Erst durch Erkunden der Poetik des Weltraums im Weltraum wird der Künstler in der Lage sein, die Zwänge und Fesseln der Erde aufzudecken, derer wir uns noch nicht einmal bewusst sind, und die Ironien des kosmischen Daseins zu enthüllen. Was dem einen Künstler die Stille des Weltraums, ist dem anderen der Wahnsinn, mit 28 000 Stundenkilometern um die Erde zu jagen. Was dem einen die gebärmutterartige Sicherheit der Lebensversorgungssysteme, ist dem anderen das drohende Vakuum an der Außenseite. Und sieht der eine die romantische Idee von sechzehn Sonnenaufgängen am Tag, erkennt der andere die Schizophrenie von 45-Minuten-Tagen und -Nächten. _____ Nein, das Forschen ist nicht Sache der Wissenschaft allein. Es wird Zeit, dass auch Künstler in den Weltraum fliegen. Die jungfräuliche Natur dieser Dimension erwartet die Künste mit ungeborenen Kunstformen. Und was für ein Privileg wird es sein, diese Formen an einem Ort zu inaugurieren, den wir gewöhnlich »den Himmel« nennen. Ganz ehrlich, ich kann mir nichts Poetischeres vorstellen. _____ *Übersetzung von Ralf Bülow*

3/11 In der Raumstation
Für die Ausstattung des Science-Fiction-Films ›2001 – Odyssee im Weltraum‹ (1968) griff der Regisseur Stanley Kubrick auf Mobiliar der Serie »Djinn« (1963/64) des französischen Designers Olivier Morgue zurück. Staatliche Museen zu Berlin, Kunstgewerbemuseum

VOR UNS BREITETE SICH DIE GALAXIS AUS. UNGEHEUER, WEISSLICH GLÄNZEND, DEHNTEN

SICH IHRE ERSTARRTEN, KLOBIG ÜBEREINANDERGESCHICHTETEN WOLKEN, VON GROSSEN

DUNKLEN FLECKEN UNTERBROCHEN, DIE IN VIELFACHEN WINDUNGEN DAS MASSIV DER

GESTIRNE DURCHZIEHEN. SCHWARZE WOLKEN ERKALTETEN KOSMISCHEN STAUBS SIND ES;

SIE VERSCHLUCKEN DAS LICHT DER STERNE, DIE HINTER IHNEN GLÜHEN. —— STANISLAW LEM

❶
❷

❶ **3/110 Rekonstruktion des Astrolabs von Ptolemaios** *Ptolemaios (2. Jahrhundert n. Chr.), hat sein Astrolab in Buch 5,1 seines Hauptwerks ›Almagest‹ beschrieben. Zwei senkrecht ineinandergepasste Ringe, die sich um die Himmelsachse bewegen lassen, markieren die Himmelskugel. Außerhalb und innerhalb sind um die Ekliptikachse drehbare Peilringe montiert. Mit diesen Ringen können gleichzeitig zwei Sterne anvisiert und ihre Positionen auf Skalen abgelesen werden.* Bern, Alfred Stückelberger und Heiner Rohner

❷ **3/111 Armillarsphäre, mit der Erde im Zentrum, Paris, um 1800** Staatliche Kunstsammlungen Dresden, Mathematisch-Physikalischer Salon

❸ **3/109 Kopie eines antiken Himmelsglobus** *Das Römisch-Germanische Zentralmuseum in Mainz besitzt einen Messing-Himmelsglobus von 11 Zentimetern Durchmesser, der wohl im späten 2. Jahrhundert n. Chr. in Ägypten für eine Sonnenuhr gefertigt wurde. Auf der galvanoplastischen Kopie erkennt man nicht nur die Sternbilder, sondern auch die Milchstraße, die zunächst neben dem linken Zwilling verläuft, dann an seinen Füßen nach rechts abknickt und zwischen Wasserschlange und Großem Hund verschwindet.* Mainz, Römisch-Germanisches Zentralmuseum

❹ **3/149 Nördlicher Sternenhimmel aus der ›Harmonia macrocosmica‹ des Andreas Cellarius (1656–1702)** Staatsbibliothek zu Berlin

❶ 3/115 Andromeda *Im Sternbildkatalog des persischen Astronomen as-Sufi (903–986) findet sich in der Konstellation Andromeda eine Punktwolke vor dem Maul des größeren der zwei Fische, gut erkennbar in einer norditalienischen as-Sufi-Handschrift aus dem frühen 15. Jahrhundert. Hinter ihr verbirgt sich der zwei Millionen Lichtjahre entfernte Andromedanebel, eine Spiralgalaxie ähnlich unserer Milchstraße. Mit as-Sufis Wolke geriet zum ersten Mal ein Himmelsobjekt außerhalb unserer Heimatgalaxie ins Blickfeld der Wissenschaft.* Forschungsbibliothek Gotha
❷ 3/100 Sternenhimmel, Versuch, Wenzel Hablik, 1909 Wenzel-Hablik-Museum Itzehoe **❸ 3/132 Tischplanetarium aus dem Besitz von Friedrich Wilhelm Herschel, um 1800** Staatliche Kunstsammlungen Dresden, Mathematisch-Physikalischer Salon

04 __ heimat
milchstraße)

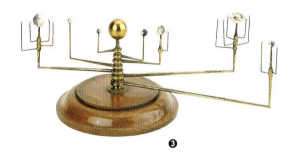

❸

RALF BÜLOW_____

Im 20. Jahrhundert haben Raumsonden alle Nachbarplaneten bis auf den Pluto mit Kameras, Radar und anderen Sensoren erforscht; auf Mars und Venus gingen sogar Landekapseln nieder. Das Sonnensystem wurde durch unbemannte Missionen so weit erschlossen, dass zumindest die größten Geheimnisse gelüftet sind. Nun erwartet uns der nächste größere Bezirk in der kosmischen Ordnung: die Milchstraße. _____ Die Milchstraße oder genauer gesagt, das Milchstraßensystem, ist unsere Heimatgalaxis. In gröbster Vereinfachung bildet sie eine scheibenförmige, im Zentrum verdickte Ansammlung von Gasnebeln, Staubwolken, Staubscheiben, Einzelsternen – von denen einer unsere Sonne ist –, Sternpaaren und Sternhaufen sowie den Planeten und Planetoiden, die viele Sterne begleiten, mit einem Durchmesser von rund 120 000 Lichtjahren und einer Masse von 100 Milliarden Sonnen. Zum Vergleich: Der Durchmesser der Bahn des Pluto, des äußersten Planeten im Sonnensystem, beträgt 11 Lichtstunden, der der Erdbahn weniger als 17 Lichtminuten! Die genannten Werte, die in der Fachliteratur schwanken können, gelten allerdings nur für die mit astronomischem Gerät wahrnehmbare Milchstraße. Berücksichtigt man die ominöse Dunkle Materie, so steigt die Masse schnell auf das Sechsfache und höher. _____

So gut wie alle Himmelskörper, die in einer klaren Nacht mit bloßem Auge sichtbar sind, gehören zur Milchstraße, gerade vier sind Galaxien, die außerhalb liegen: der Andromedanebel M 31, der Dreiecksnebel M 33 sowie am Südhimmel die Kleine und die Große Magellansche Wolke. Die Zahl hinter dem M verweist auf den 1781 abgeschlossenen Katalog von Charles Messier (1730–1817), der das Firmament nach diffusen Objekten absuchte. Durch die »Nebel« und »Wolken« darf man sich nicht verwirren lassen: Die Ausdrücke stammen aus einer Zeit, als die Astronomen ihre Objekte nur nach dem Erscheinungsbild klassifizieren konnten und nicht wussten, dass der sternenreiche Andromedanebel zwei Millionen Lichtjahre entfernt liegt und der gasförmige Orionnebel alias M 42 mitten in der Milchstraße. Im

3/101 Nebula VI, Frank Malina, 1974 *Frank J. Malina (1912–1981) gehörte nicht nur zu den Veteranen der amerikanischen Raketenforschung, sondern auch zu den Pionieren der Kinetischen Kunst, der er sich nach seiner Übersiedlung nach Frankreich im Jahr 1947 widmete »Nebula VI« (1974) ist ein Lumidyne-Gemälde, ein dynamisches System aus Lampen, Glasscheiben und Elektromotoren. Malina Family.*

Das Universum des Edgar Allan Poe ——— »Diese Milchstraße zieht sich über den ganzen Himmel, und ist auch dem unbewaffneten Auge aufs eindrucksvollste sichtbar. Aber ihr Interesse für den Menschen beruht hauptsächlich, obwohl weniger unmittelbar, darauf, daß sie sein [Heim] ist; das Heim der Erde, auf der er existiert; das Heim der Sonne, um welche diese Erde kreist, das Heim jenes Systems von Körpern, deren Zentrum & Primarius die Sonne ist...«. ——— So schrieb 1848, ein Jahr vor seinem Tode, der amerikanische Schriftsteller Edgar Allan Poe, bekannter sonst durch seine Geschichten im Geiste der »schwarzen Romantik«, in dem physikalischen Essay *Eureka*. Poe vertrat darin eine höchst moderne Kosmologie, speziell bei einer Frage, die heute kaum fraglich erscheint, aber noch vor achtzig Jahren die Experten in zwei Lager spaltete: Gibt es Galaxien außerhalb der Milchstraße oder umschließt diese den Andromedanebel und alle übrigen diffusen Himmelsobjekte? ——— »Die teleskopische Beobachtung setzt uns, unter Berücksichtigung der Gesetze der Perspektive, in den Stand zu erkennen, daß das wahrnehmbare Universum existiert als ein *Haufen von unregelmäßig angeordneten Haufen*« – so Poe in seinem Aufsatz. Schon frühe Theorien zur Evolution des Kosmos, wie 1734 von Emanuel Swedenborg und 1755 von Imanuel

Fernrohr erkennt man natürlich viel mehr Galaxien als die obigen vier, und auf Grund einer seltsamen Harmonie scheint es innerhalb des optisch zugänglichen Universums etwa so viel Galaxien zu geben wie Sterne in der Milchstraße, 100 Milliarden Stück. ——— Neben der »galaktischen« kennt man die »himmlische« Milchstraße, das schwach leuchtende Band, das sich in klaren Nächten am Firmament abzeichnet. Es setzt sich auf der anderen Seite des Himmels fort und umgibt die Erde wie ein Ring; es entsteht durch den Blick in die galaktische Scheibe, sozusagen durch Aufsummieren der darin sichtbaren Sterne. Leider trägt der Blick nicht sehr weit: Interstellare Staubwolken bewirken, dass schon das Licht von Sternen mit wenigen tausend Lichtjahren Abstand uns nicht mehr erreicht. In manchen Abschnitten stehen die Wolken so dicht, dass sich das Milchstraßenband in zwei parallele Spuren teilt. Der Astronom Friedrich Wilhelm Herschel (1738–1822) folgerte daraus, dass die Galaxis an ihrem Rande gespalten wäre und ihr Querschnitt einem liegenden »Y« ähneln würde; die Entdeckung des kosmischen Staubs machte diese Theorie dann obsolet. Es gibt allerdings einen Teil unserer Galaxis, den wir noch über eine Distanz von 25000 Lichtjahren ausmachen können, die zentrale Verdickung oder *bulge*. Dieser »Bauch« ragt über die Scheibe hinaus, so dass das Licht, welches er in Richtung Erde abstrahlt, die Staubwolken umgeht. Von unserer Position aus erscheint der *bulge* neben dem Milchstraßenäquator als helle Zone im Sternbild Schütze. Die offene Stelle wird zu Ehren des deutschen Astronomen Walter Baade (1893–1960), der sie in den vierziger Jahren entdeckte, »Baades Fenster« genannt. Die Wolken der Milchstraße lichten sich noch mehr, wenn man vom sichtbaren ins infrarote Licht ausweicht, das durch den Staub weniger behindert wird. Mit geeigneten Fernrohren dringen die Astronomen durch die Scheibe hindurch sogar bis ins Zentrum der Galaxis vor, wo sich höchstwahrscheinlich ein schwarzes Loch verbirgt. Ein anderes wichtiges Gerät der Milchstraßenforscher ist das Radioteleskop, mit dem sich vor allem die Positionen und Bewegungen von Gaswolken messen lassen. Die Radioastronomie lieferte in der zweiten Hälfte des 20. Jahrhunderts auch wichtige Daten zum Bauplan der Milchstraße. Zwar ist es klar, dass diese aus großer Entfernung einen ähnlichen Anblick bietet wie der Andromedanebel und andere durchs Fernrohr bekannte Spiralgalaxien, doch ist die genaue Struktur schwierig zu enträtseln, weil sich die Erde und die auf ihr tätigen Astronomen innerhalb der Milchstraßenscheibe befinden, und noch nicht einmal im Zentrum, sondern auf halbem Wege zwischen Mitte und Rand. So bleiben die Regionen, die von der Erde aus auf der Rückseite des Zentrums liegen, mehr oder weniger unzugänglich: Hinter dem schwarzen Loch beginnt ein großer weißer Fleck. Wenn es im neuen Jahrhundert ein verstärktes Interesse an der Milchstraße geben wird, so führt es mit ziemlicher Sicherheit auch zu einer neuen Sicht der Astronomiegeschichte, jedenfalls ihrer populären Variante. Bislang ist diese ein Heldenlied über den Kampf des helio- gegen das geozentrischen Weltbild, mit den Siegern Aristarch, Copernicus, Kepler, Galilei und Newton und den Verlierern Aristoteles, Ptolemaios und Tycho Brahe. Aus der Ära nach diesem Triumph wären demzufolge höchstens noch Albert Einstein («Relativitätstheorie«) und Edwin Hubble (»Expansion des Universums«) von Belang. Es lässt

Kant formuliert, sahen in einigen Sternenhaufen Milchstraßen gleich der unsrigen, und Friedrich Wilhelm Herschel schloss sich gegen Ende des 18. Jahrhunderts dieser Sicht an. In den folgenden Dekaden war sie allgemein verbreitet, wovon Poe und auch Alexander von Humboldt in seinem Alterswerk *Kosmos* Zeugnis ablegten. Dann schlug das Pendel zur anderen Seite aus: Immer mehr setzte sich die Lehre durch, dass unsere Milchstraße die einzige sei. Im Jahre 1920 fand dazu in Washington die *Great Debate* zwischen den Astronomen Harlow Shapley (für eine einzige Milchstraße) und Heber Curtis (für viele Galaxien) statt, die unentschieden endete. Doch 1923 gelang Edwin Hubble der Durchbruch: Er entdeckte im Andromedanebel einen Cepheiden, einen Stern, dessen Helligkeit innerhalb bekannter Werte schwankt und der deshalb eine Entfernungsschätzung gestattet. Die Distanz des Sterns erwies sich als so groß, dass der Nebel um ihn herum außerhalb der Milchstraße liegen und eine selbständige Galaxie sein musste. Im Jahr 2000 zweifelt niemand mehr an der Vielzahl der »Weltinseln«, wie sie Humboldt nannte, und es scheint, als gebe es mindestens 100 Milliarden von ihnen. Edgar Allan Poe hatte also Recht, als er 1848 notierte: »Die Milchstraße, ich wiederhole es, ist aber nur 1 der *Haufen* wie ich sie beschrieben habe – nur 1 der so unglücklich ‹Nebel› getauften, wie sie sich uns offenbaren – zuweilen & dann nur im Fernrohre – als blasse dunstige Flecke in diversen Regionen des Himmels. Wir haben keinerlei Grund, unsre Milchstraße für *tatsächlich* ausgedehnter zu halten, als den geringsten dieser Nebel. Ihre mächtige Überlegenheit an Größe ist nur eine scheinbare…«. *Zitate nach der deutschen Übersetzung von Arno Schmidt*

❶

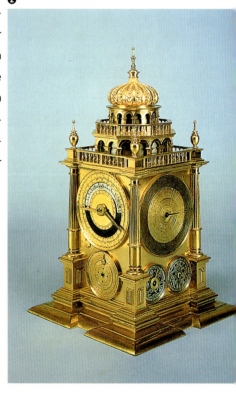

❷

sich nun leicht eine parallele Geschichte konstruieren, die die Erforschung des Sternenhimmels im Allgemeinen und der Milchstraße im Besonderen verfolgt und ebenso wackere Protagonisten anbieten kann, zum Beispiel den anonymen antiken Himmelsglobus-Macher, der im 2. Jahrhundert die Milchstraße schon berücksichtigte, den arabischen Astronomen as-Sufi, der im 10. Jahrhundert auf seinen Karten den Andromedanebel notierte, natürlich Herschel, den ersten großen Erkunder der Fixsternwelt, und wiederum Edwin Hubble, der 1923 nachwies, dass der Andromedanebel nicht Teil unserer Milchstraße, sondern eine eigenständige Galaxie ist. Auch Nicolaus Copernicus taucht in der Parallel-Historie auf, denn seine 1543 publizierte Theorie sprengte die antike Fixsternsphäre – an die er selbst noch glaubte! – und machte den Weg frei für die Verteilung der Sterne im Raum mit jeweils individuellen Abständen zur Erde. _____ Es ist beileibe nicht so, dass die Sterne und Gasnebel der Milchstraße bislang kein Thema der Forschung waren – im Gegenteil: Eine Institution wie die Europäische Südsternwarte ESO befasst sich primär mit Objekten außerhalb des Sonnensystems, auch mit solchen außerhalb unserer Galaxie. Dagegen bewegen der Mond und die Planeten die Öffentlichkeit ungleich mehr als ferne Fixsterne, nicht zuletzt wegen der zu ihnen führenden Raumflüge, und die *pretty pictures* des »Hubble«-Teleskops können nur wenig daran ändern. Vielleicht fehlen in den Tiefen der Milchstraße zu Herzen gehende Events wie die Erscheinung von Kometen und die Sonnenfinsternisse – das letzte große Spektakel im Milchstraßenbereich des gestirnten Himmels, die Supernova von 1604, liegt lange zurück. Luftverschmutzung und das Streulicht der besiedelten Erdregionen erschweren zudem die direkte Wahrnehmung der Sterne am Nachthimmel. Was unsere Heimatgalaxis jedoch faszinierend macht, sind erstens ihre schier unglaubliche astronomische Vielfalt – kein Wunder bei mehr als 100 Milliarden Sternen –, zweitens ihre großen ungelösten Fragen und drittens der überwältigende ästhetische Reichtum. Und deshalb kann das 21. Jahrhundert eigentlich nur das Jahrhundert der Milchstraße werden.

❶ 3/113 Planisphärisches Astrolab, Muhammad Zaman, spätes 17. Jahrhundert
Das Astrolab simuliert den täglichen Umschwung des Firmaments, wobei das bewegliche Gitter, die Rete, ausgewählte Sterne anzeigt; der Ring steht für die Sonnenbahn. Astrolabien dienten vor allem der Positions- und Zeitmessung und sind Vorläufer der modernen drehbaren Himmelskarten. Staatliche Museen zu Berlin, Museum für Islamische Kunst

❷ 3/124 Astronomische Tischuhr, Augsburg, um 1580 Berlin, Deutsches Historisches Museum

e i n e r g a l a x i s —— SUSANNE HÜTTEMEISTER

Die Milchstraße ist unsere kosmische Heimat, das Sternsystem, die Galaxie, zu der die Sonne und ihre Planeten gehören. Sie besteht aus mehr als hundert Milliarden Sternen. Viele davon sind der Sonne ähnlich, einige wenige haben die mehr als fünfzigfache Masse und sind fast 100 000 Mal so hell, andere, mit etwa einem Fünftel Sonnenmasse, erreichen nur ein Prozent ihrer Helligkeit. ——— Der Raum zwischen den Sternen ist nicht leer, sondern gefüllt mit interstellarem Gas, ganz überwiegend Wasserstoff in unterschiedlichen Zuständen. Die Spannweite reicht von einer bis zu einer Million Grad heißen, dünnen Komponente über neutralen, kühlen Wasserstoff zu dichten, kompakten Wolken von Wasserstoff-Molekülen, von denen manche nur eine Temperatur von zehn Grad über dem absoluten Nullpunkt haben. Diese Wolken, deren Dichte mit vielleicht 10 000 oder 100 000 Teilchen pro Kubikzentimeter immer noch einem sehr guten Labor-Vakuum entspricht, sind zugleich die Geburtsstätten neuer Sterne. ——— Obwohl die Gesamtmasse des Gases vielleicht nur fünf Prozent der Masse der Sterne ausmacht, spielt es eine Schlüsselrolle für das Gesamtbild unserer Milchstraße. Denn die extrem massereichen, leuchtkräftigen Sterne haben nur eine kurze Lebenserwartung von einigen Millionen Jahren, verglichen mit etwa 10 Milliarden Jahren für die Sonne, und würden sie sich nicht ständig neu bilden, wäre ihre Art schnell ausgestorben und unsere Milchstraße sähe ganz anders aus. Leider steht die interstellare Materie aber auch den Bemühungen, die Struktur unserer Milchstraße zu enträtseln, im Wege. Im wahrsten Sinne des Wortes verhindert der dem Gas beigemischte Staub den Durchblick in entfernte Bereiche unseres Sternsystems. ——— Einen ersten Eindruck davon, wie unsere Heimatgalaxie aussähe, könnten wir sie von außen betrachten, gibt schon der Anblick des Himmels in einer mondlosen Nacht weit ab von störendem Stadtlicht. Die Milchstraße ist ein diffuses, eben milchiges Band am Himmel, durchzogen von dunklen Staubstreifen. Und es scheint, dass ihre Helligkeit in Richtung der Sternbilder Schütze und Skorpion – von Deutschland aus tief im Süden am Sommerhimmel – am größten ist. Das Fernglas enthüllt noch mehr: Haufen und Assoziationen neu entstandener Sterne werden sichtbar, oft von leuchtenden Gasnebeln begleitet. Manche diffuse Verdichtung lässt sich in zahllose Sterne auflösen, und größere Teleskope bestätigen, dass die gesamte Milchstraße in Sterne zerfällt. Da sie sich über einen Vollkreis am Himmel erstreckt, liegt die Vermutung nahe, dass sie in Wahrheit eine schmale Scheibe ist, dass wir uns nahe ihrer Mittelebene, der galaktischen Ebene, befinden und dass ihr Zentrum in der Richtung des Sternbilds Schütze liegt. Die einzelnen Sterne, die wir auch weit außerhalb des Milchstraßenbandes am Himmel sehen, sind der Sonne so nahe, dass sie auch oberhalb oder unterhalb der Ebene Platz haben. ——— Wie groß ist die Milchstraße, und wie ist sie strukturiert? Erste Ansätze eines Gesamtbildes beruhten auf dem geduldigen Auszählen der Verteilung zahlreicher Sterne am Himmel. Da bis in die zwanziger Jahre des 20. Jahrhunderts niemand etwas vom lichtschluckenden,

❶ 3/125 Niederländischer Himmelsglobus *Willem Jansz. Blaeu (1571–1638) zeigte auf seinen Globen die Sterne so komplett wie nie zuvor, da er die Berichte von Seefahrern über den Südhimmel auswertete. Blaeu arbeitete 1595/96 im Observatorium des dänischen Astronomen Tycho Brahe (1546–1601). Auf dem 1603 entstandenen Globus, in dessen Stativ ein kleiner Mondglobus sitzt, ist die Supernova von 1572 verzeichnet, die Brahe untersucht hatte.* Universitäts-Sternwarte Göttingen

❷ 3/114 Arabischer Himmelsglobus *Der im persischen Isfahan tätige Astronom Abd ar-Rahman as-Sufi (903–986) gab den Fixsternkatalog aus dem ›Almagest‹ des Ptolemaios neu heraus, zusammen mit Darstellungen der 48 kanonischen Sternbilder, die er vermutlich von antiken Himmelsgloben übernahm. Seine Zeichnungen verbreiteten sich in vielen Handschriften und dienten auch als Vorlage neuer Himmelsgloben. Der abgebildete entstand im 13. Jahrhundert in Syrien oder Ägypten.* Neapel, Museo Nazionale di Capodimonte

feinverteilten Staub ahnte, war das resultierende Milchstraßenmodell viel zu klein und platzierte fälschlich unsere Sonne in die Nähe des Zentrums. Noch während der Auswertung der Sternzählungen wurde aber eine Beobachtung veröffentlicht, die zu einer Milchstraße mit »modernen« Dimensionen führte. ____ Die Objekte, die diesen Durchbruch bewirkten, sind eine bestimmte Art von Sternhaufen, Kugelhaufen genannt. Im Gegensatz zu den übrigen Sternen sind sie nicht auf die galaktische Ebene konzentriert, sondern umgeben das Zentrum der Milchstraße in einer kugelsymmetrischen Verteilung, dem Halo. So wird ihre Sichtbarkeit vom Staub, der die Scheibe durchzieht, nicht behindert. Heute wissen wir, dass die Sterne in den Kugelhaufen sehr alt sind: Die Haufen sind Relikte aus der Urzeit unserer Galaxis, als es noch keine galaktische Scheibe gab. Dank einer bestimmten Art von Sternen, die regelmäßig ihre Helligkeit bis zu einem für alle gültigen Maximalwert verändern, konnte man schon früh die Entfernung der Haufen ermitteln. Als Zentrum ihrer Verteilung wurde das Zentrum der Milchstraße erkannt, und urplötzlich wuchs unsere Galaxis auf ein Vielfaches ihrer früher angenommenen Größe. Nach heutigem Wissen ist die Sonne etwa 25 000 Lichtjahre vom galaktischen Zentrum entfernt, und der Gesamtdurchmesser des Systems beträgt mehr als 150 000 Lichtjahre. Einige extrem helle Sterne können wir bis in eine Entfernung von 10 000 bis 15 000 Lichtjahren sehen – was dahinter liegt, verhüllt der allgegenwärtige Staub, zumindest im Spektralbereich des sichtbaren Lichts. ____ Ein weiteres Problem ist die Entfernungsbestimmung. Die meisten Beobachtungen liefern zunächst nur die Position eines Objektes auf der Himmelskugel – solange wir seine Entfernung nicht kennen, sagt es wenig über die dreidimensionale Struktur der Milchstraße aus. Nur bei den allernächsten Sternen lässt sich die Entfernung geometrisch ableiten. Für weiter entfernte Sterne und insbesondere Sternhaufen stehen uns komplexe, in der Theorie der Sternentwicklung wurzelnde Methoden zur Verfügung, aus der scheinbaren Helligkeit auf die wahre Leuchtkraft und so auf die Entfernung zu schließen. Alle Mühen sind aber vergeblich bei Entfernungen, in denen keine Sterne mehr sichtbar sind – und das ist der weitaus größte Teil der Milchstraße! ____ Um also ein Bild davon zu gewinnen, wie die Milchstraße von außen erscheint, sind wir auf Verfahren angewiesen, die Licht ganz anderer Wellenlängen nutzen, vor allem Radio- und Infrarotstrahlung. Radiostrahlung dringt ungehindert durch den Staub zwischen den Sternen, infrarotes Licht wird zumindest weit weniger geschwächt. Damit ist die Erschließung der Gesamtstruktur unserer Galaxis eine Aufgabe, die erst in den letzten Jahrzehnten durch neue Technologien ansatzweise lösbar wurde. Während Infrarotstrahlung (auch) von Sternen abgegeben wird und immerhin einen Blick bis in die galaktische Zentralregion erlaubt, gehen Radiowellen in nennenswerter Stärke nur vom interstellaren Gas aus. Die interstellare Materie liefert uns damit das Problem (in Form von Staub) und zugleich den Schlüssel zu seiner Lösung. Häufig erfahren wir aus Radiobeobachtungen auch etwas über die Bewegung des Gases. Über Computermodelle der Rotation unserer Galaxis kann dann die Entfernung zu Gaswolken in der gesamten Milchstraße bestimmt werden. ____ In Beobachtungen, die nicht weniger langwierig waren und sind als die Sternzählungen der Vergangenheit, haben wir so das im Detail immer noch sehr unvollständige Bild einer großen Spiralgalaxie entwickelt, die sich wie ein Feuerrad mit nachschleppenden Armen im Raum dreht. Eine wohlgeordnete Spirale, wie wir sie manchmal bei anderen Galaxien finden, scheint die Milchstraße jedoch nicht zu sein. Sie dürfte vier dominierende Spiralarme besitzen, dazu noch

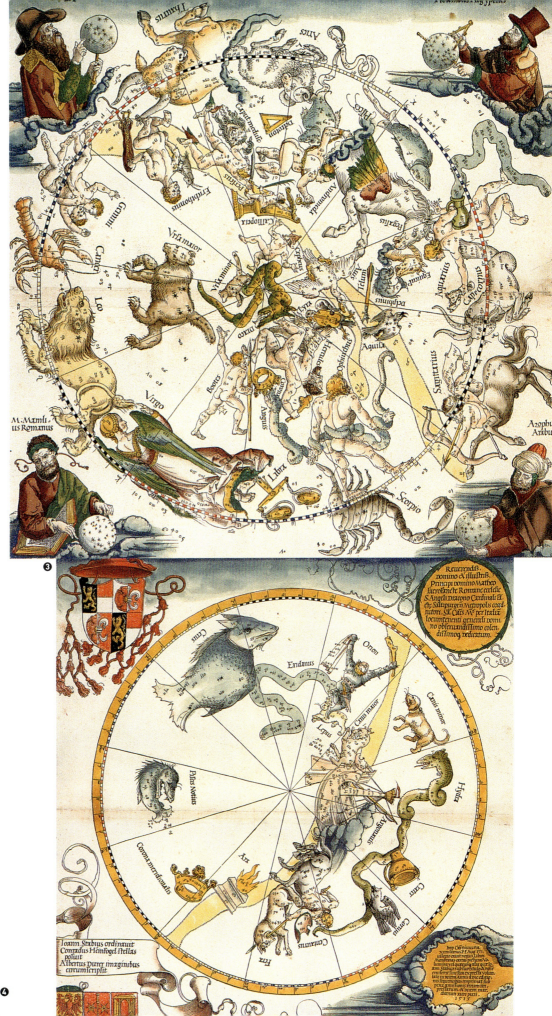

❸ 3/117 Zwei Himmelskarten
Vermutlich nach Vorlagen von Johannes von Gmunden (um 1385–1442) erarbeiteten der Mathematiker Johannes Stabius, der Astronom Conrad Heinfogel und Albrecht Dürer 1515 Holzschnitte des nördlichen und südlichen Sternenhimmels, die ersten gedruckten Himmelskarten. Die seitenverkehrten Konstellationen entsprechen den antiken Globen, die Sternpositionen dem Verzeichnis des Ptolemaios. In den Ecken der nördlichen Karte bildete Dürer astronomische Dichter und Forscher ab, oben Aratos und Manilius, unten Ptolemaios und as-Sufi. Niedersächsische Staats- und Universitätsbibliothek Göttingen

❹ 3/99 Winternacht, Karl Nordström, 1907 Stockholm, Prins Eugens Waldemarsudde

viele Sporne, die von den Hauptarmen ausgehen, aber bald enden. Der Orion-Arm, in dessen Nähe sich die Sonne befindet, ist ein solcher Sporn, gelegen zwischen den großen Spiralarmen Sagittarius und Perseus. Spiralarme erkennen wir an den vielen jungen, hellen, blauen Sternen, die nicht alt genug werden, um sich weit von ihren Geburtsstätten zu entfernen, an den vielen rot schimmernden Gasnebeln, die die Nähe dieser Sterne zum Leuchten anregt, und auch an den vielen auf Grund des hohen Staubanteils dunkel erscheinenden dichten Gaswolken, in denen da und dort neugeborene Sterne aufleuchten. _____ Den Spiralarmen gleichsam unterlegt ist die Population älterer Sterne, zu der auch unsere Sonne gehört. Sie ist gleichmäßiger verteilt, verliert nach außen hin stark an Helligkeit und erscheint im Vergleich zu den Spiralarmen röter, da ihr mehr kühlere, kleinere, ältere Sterne angehören. In der inneren Milchstraße, vielleicht 10 000 Lichtjahre vom Zentrum entfernt, finden wir einen Ring erhöhter Gaskonzentration und Sternbildungsaktivität. Noch weiter innen wird es dann asymmetrisch: Aus Infrarot-Daten lässt sich ein Balken aus überwiegend älteren Sternen rekonstruieren, der sich etwa 8000 Lichtjahre nach außen erstreckt. In den inneren 1000 Lichtjahren ist wieder eine große Konzentration von Gas, schließlich ein dichter Sternhaufen und in seiner Mitte das zentrale »Monster«, wohl ein supermassives Schwarzes Loch. _____ Ebenfalls im Zentralbereich sehen wir den etwa 10 000 Lichtjahre weiten *bulge*, den Bauch unserer Galaxis, mit rötlichen, alten Sternen und deutlich dicker als die in der Vertikalen kaum 1000 Lichtjahre messende Scheibe. Über bzw. unter der Scheibe, im Halo, treffen wir nur noch Kugelsternhaufen und wenige alte, schwach leuchtende Einzelsterne. Unserer direkten Sicht entzogen mag sich dort die geheimnisvollste Komponente der Milchstraße verbergen: Die Dunkle Materie, auf die vor allem Messungen der Bewegung von Gas und Sternen im Außenbereich der galaktischen Scheibe hindeuten. Am Ausgang des 20. Jahrhunderts weiß niemand, woraus diese unsichtbare Substanz besteht, wenn es auch viele Vermutungen gibt, teils prosaische, teils hochspekulative und exotische. Wir wissen nur, dass ein Großteil der Gesamtmasse unserer und auch anderer Galaxien eine Form haben könnte, die uns völlig unbekannt ist. _____ Es war die Leistung des nun

❶ ❷

zu Ende gehenden Jahrhunderts, die sichtbare Struktur unserer kosmischen Heimat, der Milchstraße, zumindest prinzipiell zu erschließen. Es wird die Aufgabe des 21. Jahrhunderts sein, diese Analysen weiter zu vertiefen und uns so unseren Platz im Kosmos klarer erkennen zu lassen.

❶ 3/112 **Sternbildschale** *Der islamische Kulturkreis schloss im frühen Mittelalter an das antike astronomische Wissen an und übernahm die Sternbilder. Die abgebildete Lüsterschale gibt in freier Form die Konstellation Cygnus (Schwan) wieder. Die Schale entstand um die Mitte des 9. Jahrhunderts im irakischen Samarra.* Staatliche Museen zu Berlin, Museum für Islamische Kunst ❷ 3/108 **Bruchstück eines Himmelsglobus aus der römischen Kaiserzeit** *Man findet von links nach rechts die Konstellationen Cassiopeia, Schwan oder besser Huhn, Leier und Herkules. Die breite Linie durch den Flügel des Schwans deutet möglicherweise die Milchstraße an.* Staatliche Museen zu Berlin, Antikensammlung

das schwarze loch

im zentrum der milchstraße—— ANDREAS ECKART

Wer in einer klaren Sommernacht ins Sternbild Sagittarius oder Schütze am Südhimmel blickt, schaut auf das Zentrum der Milchstraße, das von der Erde 26 000 Lichtjahre entfernt ist. Die Dichte an hellen Sternen im zentralen Sternhaufen unserer Galaxis beträgt mehrere 10 000 pro Kubik-Lichtjahr, ihr gegenseitiger Abstand rangiert also im Bereich von Lichttagen. Die Dichte an kleineren und lichtschwächeren Objekten mag noch viel höher sein. Das heißt, auf einem imaginären Planeten in jenem Sternhaufen erscheint der Himmel an fast jeder Stelle leuchtend hell. ——— Allerdings bleiben diese Phänomene einem Menschen auf der Erde, der mit bloßem Auge oder einem normalen Teleskop beobachtet, verborgen, denn die Sterne im Zentrum sind hier nicht zu erkennen: Staub und Gas in der Ebene unserer Milchstraße blocken als schwarzes, scheinbar undurchdringliches Band das sichtbare Licht völlig ab. Im Infrarotlicht wird jedoch die Mehrzahl aller hellen Sterne sichtbar, und Untersuchungen auf diesen Wellenlängen haben gezeigt, dass im Zentrum unserer Heimatgalaxis seltsame Dinge geschehen. ——— Schon Ende der siebziger Jahre deuteten Messungen der Spektrallinien von ionisiertem Gas auf ungewöhnlich schnelle Bewegungen von etwa 250 Kilometern pro Sekunde im innersten Lichtjahr der Milchstraße hin, genau dort, wo die Sterne am dichtesten zusammenstehen. Da in derselben Region einige Jahre zuvor eine sehr kompakte Radioquelle gefunden wurde, die den Namen SgrA★ (»Sagittarius A Stern«) erhielt, tauchte die Vermutung auf, dass sich dahinter ein massives schwarzes Loch von zwei bis drei Millionen Sonnenmassen verbergen könnte. ——— Diese Objekte sind nicht zu verwechseln mit den stellaren schwarzen Löchern, die nur etwa eine Sonnenmasse ausmachen und den relativistischen Endzustand eines zusammengefallenen Kerns eines einzelnen, ehemals massereichen Sterns darstellen. Die massiven schwarzen Löcher existieren vermutlich nur in den dichten und zum Teil sehr aktiven und leuchtkräftigen Zentralregionen von Galaxien. Sie sind dort über die gesamte Lebensdauer der Galaxie durch Anhäufung oder Akkretion von Materie zu ihrer heutigen Größe angewachsen. ——— Zunächst hielten sich noch Zweifel an der Existenz eines solchen »Monsters« im Zentrum unserer Milchstrasse: Bewegungen von Gaswolken sind keine guten Indikatoren für ein Gravitationsfeld, denn sie unterliegen den Einflüssen von Magnetfeldern, Strahlungsdruck, Winden und Reibung mit anderen Gaskomponenten. Sterne hingegen können als fast ideale Testkörper betrachtet werden, da sie nur den Gravitationskräften folgen. Von mehr als zweihundert dieser Sterne konnten mit einem am Max-Planck-Institut für extraterrestrische Physik (MPE) in Garching gebauten Instrument Spektren im nahen Infrarot erhalten werden, auf Wellenlängen, die etwas über denen des sichtbaren Lichts liegen. Diese Spektren ließen Rückschlüsse auf die Radialgeschwindigkeiten von Sternen zu, also auf die Geschwindigkeitskomponenten, mit der sie sich auf die Erde zu oder von ihr weg bewegen. Die Daten bestätigten die Existenz einer zentralen, dunklen Massenkonzentration – dunkel heißt hier, dass die dynamisch abgeleitete Masse nicht allein durch die Gravitation der sichtbaren Sterne erklärt werden kann. ———— Den entscheidenden Fortschritt brachten jedoch die ersten Messungen von stellaren Eigenbewegungen. Hierbei wurden Nahinfrarot-Aufnahmen an der optischen Leistungsgrenze großer Teleskope ausgeführt und Sterne bis auf eine Distanz von 0,1 Bogensekunden oder 4,6 Lichttagen an SgrA* verfolgt. Die MPE-Infrarotkamera SHARP *(System for High Angular Resolution Pictures)* am *New Technology Telescope* der Europäischen Südsternwarte ESO nahm 1994 den Sternhaufen in den innersten Lichtjahren der Milchstraße auf, wobei sie ihn in fast tausend Einzelsterne auflöste. (Abb. S. 80) Seit nunmehr einem Jahrzehnt kann man so die Wege derjenigen Sterne verfolgen, die in unmittelbarer Nachbarschaft von SgrA* liegen. Auf der Basis von gut einer halben Million Aufnahmen mit wenigen Zehntelsekunden Belichtungszeit, um den Einfluss der Luftunruhe zu minimieren, wurden rund hundert unabhängige Messungen erstellt und die Eigenbewegungen von etwa siebzig Sternen abgeleitet. ———— Die Bewegungen einiger Sterne sind in Pfeilen ausgedrückt, die jeweils Richtung und Betrag der Geschwindigkeit wiedergeben. (Abb. S. 81) Am schnellsten sind die Sterne in der Nähe von SgrA*, die sich mit über 1000 Kilometern pro Sekunde bewegen können. Im Vergleich dazu betragen die Eigenbewegungen einige Bogensekunden entfernt nur einige 100 Kilometer pro Sekunde. Mit den Keplerschen Gesetzen sowie verfeinerten Methoden, welche die räumliche Verteilung von Geschwindigkeit und Masse berücksichtigen, stellt man fest, dass das Gravitationsfeld im Milchstraßenzentrum von einer kompakten Zentralmasse verursacht wird, die etwa 2,6 Millionen Sonnenmassen in einem Gebiet von weniger als 14 Lichttagen Durchmesser umfasst. Die minimale Dichte ist also 500 000 mal größer als der sichtbare Sternhaufen und mehr als eine Million mal größer als die dichtesten bekannten Kugelsternhaufen. ————

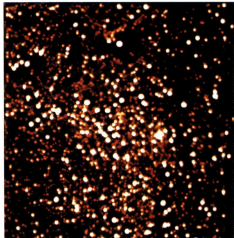

Blick ins Zentrum *Der zentrale Sternhaufen der Milchstraße tritt im infraroten Spektralbereich (Wellenlänge 2 Mikrometer) hervor; im Bereich des sichtbaren Lichts werden die Wellen durch Staub blockiert. Das Blickfeld misst 2,5 x 2,5 Lichtjahre.* Foto: Andreas Eckart

Kann eine so große Masse bei einer so hohen Dichte stabil bleiben? Oder läßt sich ein Haufen leuchtschwacher Objekte vorstellen, der die gemessenen Daten ebenso gut erklärt wie ein massives schwarzes Loch? Auskunft hierüber erteilt die Theorie von Sternhaufen. Nehmen wir zunächst an, dass es sich bei den Objekten, aus denen dieser hypothetische Haufen Dunkler Materie bestehen soll, um eine Vielzahl kleinerer schwarzer Löcher von jeweils etwa 20 Sonnenmassen handelt. Es lässt sich nun nachweisen, dass nach nur wenigen Millionen Jahren ein solcher Haufen in sich zusammenfällt und automatisch ein einzelnes, massives schwarzes Loch bildet. ———— Betrachten wir den entgegengesetzten Extremfall: Die gesamte Masse wird aus kleinen und kleinsten Materiebrocken gebildet. In diesem Fall benötigt man so viele Objekte dieser Art, dass sie allein auf Grund ihres Durchmessers zusammenstoßen und zu größeren Objekten verschmelzen würden. Auch hier würde der gesamte Haufen nach wenigen 100 000 Jahren in sich zusammenfallen und eine einzige, schwere Masse bilden. Die größte Lebensdauer eines solchen Schwarms dunkler Objekte, die sich auf unter 10 Millionen Jahre belaufen würde, erhält man für Körper mit etwa 0,7 Sonnenmassen, und Masse und Massendichte eines solchen Haufens führen nach astrophysikalisch sehr kurzer Zeit zum Kollaps. Das

Objekt im Zentrum der Milchstraße könnte also auch hier nur als schwarzes Loch existieren. _____ Messungen haben gezeigt, dass die Radioquelle SgrA* eine Ausdehnung von weniger als einem Erdbahndurchmesser hat, also etwa 16 Lichtminuten. Weiterhin ist ihre Eigenbewegung relativ zum galaktischen Zentrum kleiner als 16 Kilometer pro Sekunde – innerhalb ihres Sternhaufens steht sie praktisch still. Daraus folgt, dass die Masse von SgrA* deutlich über der Masse der sie umgebenden Sterne liegt. Eine genauere Abschätzung ergibt, dass von den 2,6 Millionen Sonnenmassen des dunklen Gebiets mindestens 1000 und maximal 100 000 mit der Radioquelle verbunden sind. Die daraus folgende Massendichte kommt bis auf wenige Größenordnungen an die erwartete Dichte des schwarzen Lochs (Masse durch Volumen innerhalb des Schwarzschildradius) heran. Damit ist das Zentrum unserer Milchstraße zusammen mit dem der Galaxie NGC 4258 – auf die hier nicht näher eingegangen werden soll – der beste und schlüssigste Kandidat für ein super-massives schwarzes Loch. _____ Ein weiteres Argument betrifft die Existenz eines Ereignishorizonts, eines Abstands zum schwarzen Loch, bei dem dessen Gravitation selbst die Abstrahlung von Licht unmöglich macht ist. Die beobachtete Leuchtkraft des Zentrums ist viel kleiner als erwartet, sofern man voraussetzt, dass SgrA* eine schwere Masse ist, die auch augenblicklich Materie aus der Umgebung akkretiert. Wir wissen, dass die benachbarten 30 000 bis 40 000 Grad heißen Helium-Sterne durch extrem starke Sternwinde 1/10 000 bis sogar 1/1000 Sonnenmasse pro Jahr an Gas verlieren. Diese Winde bewirken daher einen fast ebenso hohen Massenakkretionsstrom auf SgrA*. Auf Grund der niedrigen beobachteten Leuchtkraft muss die Umwandlung dieses Stroms in Strahlungsenergie extrem ineffizient sein: Der Wirkungsgrad ist etwa ein Millionstel. Der größte Teil der Windenergie muss demnach »verschwinden«. Die plausibelste Erklärung ist ihr Transfer hinter den Ereignishorizont des schwarzen Lochs, so dass sie für den Beobachter nicht mehr in Erscheinung tritt. _____ Damit wären die beiden wichtigsten Eigen-

Schwarzes Loch? *Sternbewegungen bei SgrA* (+) sprechen für die Existenz einer extremen Massenkonzentration – die Aufnahmen liegen fünf Jahre auseinander. Die blauen Pfeile geben jeweils die Bewegungsrichtung und die Geschwindigkeit eines Sterns an. Das Blickfeld beträgt 0,2 x 0,2 Lichtjahre.* Foto: Andreas Eckart

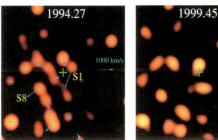

schaften eines schwarzen Lochs – die extreme Massendichte und die Existenz eines Ereignishorizonts – für das massive Objekt im Zentrum unserer Milchstraße gegeben. Dieses schwarze Loch würde sich, wie oben geschildert, auch aus den Anfangszuständen dichter Sternhaufen bilden und die gesamte Entwicklung der Milchstraße hindurch mittels Akkretion weiter anwachsen. Die Resultate stützen außerdem die Vermutung, dass die meisten Galaxienkerne dunkle Massekonzentrationen zwischen einigen Millionen und einigen Milliarden Sonnenmassen besitzen.

❶ Leben auf dem Mars *Seit über einem Jahrhundert rätseln Forscher, ob auf dem Roten Planeten zumindest niedrige Lebensformen existieren.* Foto: DLR **❷ Zukunft des Universums** *Dass sich das Weltall ausdehnt, gehört inzwischen zur Allgemeinbildung. Über die genauen Parameter wird aber noch heiß diskutiert.* Foto: ESO **❸ Warp Drive** *Ein Triebwerksprinzip, das die Raumzeit verzerrt und Überlichtgeschwindigkeit ermöglicht. Computeranimationen der Universität Tübingen zeigen dies wissenschaftlich exakt.* Grafik: Daniel Weiskopf **❹ Extrasolare Planeten** *Bei welchen Fixsternen wurden Planeten entdeckt? Wie könnten Landschaften auf diesen Himmelskörpern aussehen?* Grafik: Christoph Kulmann **❺ Supernova-Spuren auf der Erde** *Der Krebs- oder Krabbennebel ging aus einer Supernova im Jahre 1054 hervor. Kann man Atome von einer solchen Sternexplosion auf der Erde nachweisen?* Foto: ESO

❶

❷

③

④ "TAU CETI"

⑤

① ②

❶ **Entfernungsmesser** *1994 leuchtete eine Supernova vom Typ Ia in der Galaxie NGC 4526 auf. Ihre Daten helfen bei der Ermittlung von kosmischen Distanzen.* Foto: Space Telescope Science Institute ❷ **3/154_b Evolution im All** *Im kohlenstoffreichen Murchison-Meteoriten, der 1969 in Australien niederging, wurden siebzehn Aminosäuren und andere organische Verbindungen nachgewiesen.* Mainz, Max-Planck-Institut für Chemie ❸ **3/154_c Geburtsmaterie des Sonnensystems** *Der Schnitt durch ein Stück des Allende-Meteoriten, der 1969 in Mexiko einschlug, lässt Einschlüsse verschiedener Größe erkennen. Die hellen Calcium-aluminiumreichen-Einschlüsse oder CAIs sind 4,56 Milliarden Jahre alt.* Mainz, Max-Planck-Institut für Chemie

05_weltenrätsel

RALF BÜLOW

Das 20. Jahrhundert kann mit einigem Recht den Titel eines goldenen Zeitalters der Astronomie beanspruchen. Die erste Blütezeit bildete das 4. Jahrhundert v. Chr., als griechische Philosophen, allen voran Eudoxos von Knidos und der durch ihn beeinflusste Aristoteles das geozentrische Weltbild definierten, welches das abendländische Denken zwei Jahrtausende lang bestimmen sollte. Die nächste große Ära stellte das 17. Jahrhundert dar, in dem die Erfindung des Fernrohrs sowie die Planetengesetze von Johannes Kepler und die Physik von Isaac Newton die moderne Himmelskunde ins Leben riefen. Die Astronomie des 20. Jahrhunderts schuf mit den Relativitätstheorien Albert Einsteins – der Speziellen von 1905 und der Allgemeinen von 1916 – nicht nur die bislang beste Theorie des Universums, sondern lieferte durch vielfältige Beobachtungen auch die umfassendste Beschreibung seines Aufbaus und seiner Entstehung. Außerdem gab sie künftigen Generationen ein Arsenal an Instrumenten in die Hand, die zwar im Detail verbessert, aber kaum grundsätzlich erweitert werden können. Nach rund zweieinhalb Jahrtausenden des Denkens und Forschens weiß der Mensch, in welcher Welt er lebt. _____ Nach Aussage der gegenwärtigen »Standardkosmologie« besteht sie aus Milliarden von Galaxien, die im Nahbereich miteinander wechselwirken, sich anziehen und vereinigen können, doch in großem Maßstab durch eine gigantischen Aufblähung des Raumes auseinanderstreben. Startpunkt der Expansion war der Urknall, der zwischen zehn und fünfzehn Milliarden Jahre zurückliegt, und ihr sichtbares Zeichen ist eine an jedem Punkt des Kosmos zu beobachtende Verfärbung der Galaxien. Deren Lichtwellen werden während der Reise durchs Vakuum länger und länger und rücken in den roten Teil des Spektrums: Das Licht wird »rotverschoben«. Alle Vorgänge unterliegen dabei einer physikalischen Theorie, die Raum und Zeit nicht wie einst bei Isaac Newton getrennt lässt, sondern zu einer Raumzeit – gelegentlich auch Raum-Zeit-Kontinuum genannt – kombiniert, die ihrerseits durch Materie

3/103 Astronom Copernicus, oder das Gespräch mit Gott, Jan Matejko Nicolaus Copernicus (1473–1543) publizierte in seinem Todesjahr sein heliozentrisches Weltbild, das erst im 17. Jahrhundert seine volle Wirkung erlangte. Das Bild des polnischen Historienmalers Jan Matejko (1838–1893) zeigt den Moment der Erleuchtung auf der einsamen Beobachtungsstation in Frauenburg (polnisch Frombork). Dem Künstler unterlief dabei ein kleiner Fehler: Das Teleskop wurde erst nach 1600 erfunden. Krakau, Muzeum Narodowe w Krakowie

Die zehn Welträtsel

——— **Dunkle Materie** Aus Analysen der Rotation von Galaxien und der Lichtablenkung an ihnen folgt, dass solche Sternsysteme und auch die Milchstraße viel mehr Masse enthalten als in Form von Sternen und Gasnebeln wahrnehmbar ist. Es existiert also nicht sichtbare, »dunkle« Materie. Woraus besteht sie, und ist sie mit der kosmologischen Theorie vereinbar? ——— **Extrasolare Planeten** Ein extrasolarer Planet ist ein nicht-strahlender Himmelskörper, der um einen Stern kreist. Durch Messung des »Taumelns« von Fixsternen oder der Änderung der Helligkeit wurden solche Objekte indirekt nachgewiesen. Gibt es Verfahren, um sie direkt zu beobachten? Lassen sich Planeten aufspüren, die der Erde ähneln? ——— **Gammablitze** In Entfernungen von Milliarden Lichtjahren sind fast täglich helle Lichtausbrüche im Spektralbereich der Gammastrahlung zu beobachten, die Gamma-Ray Bursts (GRBs) oder Gammablitze. Entstehen sie durch Kollisionen von Neutronensternen oder aber von schwarzen Löchern? Oder handelt es sich um einen neuen Supernova-Typ? ——— **Kosmische Strahlung** Die Stahlungsprozesse im Weltraum setzen viele Arten geladener Teilchen frei. Diese und von ihnen erzeugte Sekundärteilchen werden auch auf der Erde registriert. Wie entstehen die extrem energiereichen Elementarteilchen? Könnte es sein, dass an der kosmischen Strahlung ein noch unbekanntes Elementarteilchen mitwirkt? ——— **Leben im All** Höheres Leben findet sich im Sonnensystem nur auf der

gekrümmt wird. Umgekehrt determiniert die Krümmung der Raumzeit die Bewegung der Materie im Universum und ebenso die Ausbreitung elektromagnetischer Wellen, was an den »Gravitationslinsen« deutlich wird. Das sind große Masseansammlungen wie etwa Galaxien, die an ihnen vorbeiziehende Lichtstrahlen ablenken und gelegentlich eine kosmische Fata Morgana verursachen können. ——— Es würde zu weit führen, jetzt die Vielzahl der astronomischen Einzelerkenntnisse folgen zu lassen, die die Forscher im 20. Jahrhundert zusammentrugen. Bemerkenswert ist vielleicht, dass sich in manchen Perioden die Sensationen häufen, wobei die Verfügbarkeit neuer Instrumente, langwierige Arbeit am Teleskop und das Glück des Tüchtigen zusammenwirkten. So brachten die sechziger und frühen siebziger Jahre die Entdeckung der Quasare, der Pulsare und – ein echtes Jahrhundertereignis – der kosmischen Hintergrundstrahlung. Man erlebte außerdem erste Triumphe der Raumfahrt-Astronomie – Nahaufnahmen des Mars durch die Mariner-Sonden und als Ertrag der Mondlandungen die Klärung der Genese des Sonnensystems – und die Durchsetzung neuer Konzepte wie Urknall und schwarzes Loch. Auch die verflossenen neunziger Jahre können sich sehen lassen: Man hörte von den geheimnisvollen Gammablitzen, las beinahe monatlich von neu entdeckten Planeten, die ferne Fixsterne umkreisen, und bewunderte Weltraumfotos des »Hubble«-Teleskops, Venusbilder der »Magellan«-Sonde und Panoramen des »Mars Pathfinder«. Mit Hyakutake und Hale-Bopp ließen sich zwei schöne Schweifsterne mit bloßem Auge erkennen; für den Kometen Shoemaker-Levy benötigte man zwar ein Teleskop, dafür bot er das Drama eines Aufpralls auf dem Jupiter. _____ Wie geht es nun weiter? In einer Liste lassen sich zehn »Weltenrätsel« zusammenfassen, bei denen in Zukunft spannende Resultate zu erwarten sind. Sechs Phänomene – Gammablitze, Neutrinos, extrasolare Planeten, Quasare, kosmische Strahlung und der Urknall – sind bereits als existent nachgewiesen, und es geht im 21. Jahrhundert vor allem um vertiefte Forschungen. Bei zwei Problemkomplexen – Dunkle Materie und schwarze Löcher – sprechen gewichtige Gründe für das Vorhandensein, der direkte Nachweis ist aber noch zu erbringen. Die Frage nach Leben außerhalb der Erde ist so offen, dass nicht einmal Wahrscheinlichkeitsaussagen mög-

lich sind: Hier müssen wir auf den simplen empirische Beleg warten. Schließlich bleibt die Suche nach den grundlegenden Parametern des Universums wie Dichte, Krümmung und Expansionsverhalten sowie die Frage nach seiner Zukunft. _____ Die Frage nach dem »Weltmodell«, die seit der Publikation der Allgemeinen Relativitätstheorie Denker wie Praktiker beschäftigt, ist sicher das größte der zehn Rätsel, und es wird vermutlich im nächsten Jahrzehnt gelöst werden. Denn zur Wahl des korrekten Modells sind viele Messdaten bereits beschafft, und diejenigen, die noch fehlen, werden – traut man der Planung der Satellitenbauer und Raumfahrtagenturen – bald einlaufen. Es handelt sich dabei primär um Distanzen von Galaxien. Kosmische Entfernungsmessung ist eine Wissenschaft für sich, doch basiert sie

Erde. Gab oder gibt es aber auf dem Mars, dem Jupitermond Europa oder dem Saturnbegleiter Titan niedere Lebensformen? Lässt sich in der Atmosphäre extrasolarer Planeten Sauerstoff – ein Indiz für Leben – nachweisen? Besteht eine Chance, irgendwann Funksignale außerirdischer Wesen zu empfangen? _____ Neutrinos Neutrinos und Anti-Neutrinos entstanden schon Sekundenbruchteile nach Beginn des Urknalls und eilen seitdem durchs All. Weitere Neutrinos werden in der Sonne produziert. Was steckt hinter dem Defizit der »Sonnenneutrinos«? Können sich diese Teilchen von einem Typ in einen anderen umwandeln? Besitzen sie eine Masse, die von Null verschieden ist? _____ Quasare Dies sind die hellsten Himmelsobjekte überhaupt, die in Entfernungen von mehr als zwei Milliarden Lichtjahren im gesamten Bereich des Spektrums elektromagnetische Wellen aussenden, natürlich auch Licht und Radiowellen. Verbergen sich hinter ihnen schwarze Löcher? Und welche Rolle spielen Quasare in der Entstehung und der Entwicklung von Galaxien? _____ Schwarze Löcher Nach der astronomischen Theorie bildet sich ein schwarzes Loch nach der Explosion eines massereichen Sterns. Es krümmt den Raum so stark, dass es die Materie der Umgebung »aufsaugt« und Lichtstrahlen nicht entweichen können. Viele kosmische Probleme lassen sich durch schwarze Löcher erklären. Wo und wann lässt sich eines direkt beobachten? _____ Urknall Mit dem Urknall wurde vor zehn bis fünfzehn Milliarden Jahren das Universum geboren. Für das Ereignis selbst gibt es genug Belege, doch viele Details bleiben noch zu klären. Wie kam es zum Überschuss der Materie über die Anti-Materie? Trat eine »inflationäre« Phase auf? Gab es nur einen Urknall oder mehrere, die zu mehreren Universen führten? _____ Weltmodelle Wie alt ist das Universum? Wie schnell expandiert es? Auf welche Weise ist es gekrümmt? Wie wird es enden? Was bewirkt die Dunkle Materie? Das erklären kosmologische Modelle, die noch heiß umstritten sind. Und genügt zur Beschreibung des Kosmos die Einsteinsche Relativitätstheorie oder ist es Zeit für eine neue Physik mit »Strings« und »Superstrings«?

letzten Endes auf Sternen in der Milchstraße und auf Methoden, die schon antiken Geometern vertraut waren. In einem früheren Kapitel wurde der deutsche Astrometrie-Satellit DIVA vorgestellt, der Fixsterne unserer Heimatgalaxis erfassen soll, und die NASA plant den ganz ähnlichen *Full-sky Astrometric Mapping Explorer* (FAME), den »Kundschafter für Kartierung und Entfernungsmessung des gesamten Himmels«. Sowohl FAME als auch DIVA werden Cepheiden anpeilen können, Sterne, die periodisch und mit bekanntem minimalem und maximalem Wert ihre Helligkeit ändern. Leider fehlt es bis heute an präzisen Zahlen für die Entfernung

❶ ❷

❸

selbst der nächsten Cepheiden, doch wenn sie einmal vorliegen, und das müsste bis 2010 der Fall sein, kann man in einer komplexen, aber durchschaubaren Hochrechnung daraus die Abstände fernster Galaxien ableiten. Und hieraus würde wiederum das gesuchte umfassende Modell des Universums folgen. _____ Das 21. Jahrhundert verheißt jedoch nicht nur die Lösung eines »Weltenrätsels«, sondern möglicherweise eine ganze Familie von neuen. Die Problemliste führte bereits die Dunkle Materie auf, eine aus indirekten Messungen wie der Rotationsgeschwindigkeit von Galaxien erschließbare Substanz, die diese Galaxien und deren Nachbarschaft durchzieht. Die *dark matter* sträubt sich gegen jeden direkten Nachweis, und was sich hinter ihr verbirgt, weiß niemand so recht. Es ist sogar zu befürchten, dass sie eine Tradition astronomischer Mysterien fortsetzt, die jeweils am Ende eines Jahrhunderts an das nächste weitergereicht wurden und dann zu wissenschaftlichen Revolutionen führten. Der erste Fall dieser Art betraf die Daten der Marsbahn, die Tycho Brahe im späten 16. Jahrhundert zusammentrug und die, was Johannes Kepler um 1605 erkannte, nicht mit dem Sphärenmodell des Kosmos – dem sich noch Copernicus unterwarf – vereinbar waren. Keplers Einsicht führte zu den elliptischen Planetenbahnen, die am Anfang der modernen Astronomie und ebenso der Newtonschen Physik standen. Der zweite Fall ist der bekanntere: Experimente der Physiker Michelson und Morley in den achtziger Jahren des 19. Jahrhunderts zerstörten die Theorie eines universellen »Weltäthers« und bahnten den Weg zur Speziellen Relativitätstheorie von Albert Einstein. _____ Im Jahre 2000 leben wir teilweise in der geistigen Welt Isaac Newtons, nämlich was die elementaren Bewegungen von Sonne, Monden und Planeten betrifft, teilweise in der von Albert Einstein, denn nur mit seinen Theorien lässt sich das expandierende Universum beschreiben. Vielleicht wird es in den kommenden Jahrzehnten erforderlich sein, sich in einem dritten Bezugssystem einzurichten, das mit dunkler Materie – was immer auch dahinter steckt – und möglicherweise den geheimnisvollen »Strings« gefüllt ist.

❶ 3/151 Albert Einstein, Anna Franziska Schwarzbach, 1998 *Von dem 1879 in Ulm geborenen Physiker stammt die Basis der heutigen Kosmologie. Seine spezielle Relativitätstheorie beschreibt die Grundprinzipien von Bewegung und Energie, die Allgemeine Relativitätstheorie den Zusammenhang von Raum, Zeit und Materie. Die Skulptur zeigt den alten Einstein, der bis zu seinem Tod 1955 ohne Erfolg eine einheitliche Theorie aller Naturkräfte suchte.* Leihgabe der Künstlerin **❷ 3/154_a Fragment des Mars-Meteoriten, der 1962 bei Zagami (Nigeria) einschlug** *Das Gestein ist feinkörniger Basalt; rechts verläuft eine schwarze Schockader.* Mainz, Max-Planck-Institut für Chemie **❸ 3/156 Unbearbeitetes Bruchstück des Zagami-Meteoriten** Peter Janle, Universität Kiel, Institut für Geowissenschaften

)das dynamische

universum —— BRUNO LEIBUNDGUT

Veränderungen am Nachthimmel sind rar. Mit Ausnahme der Phasen des Mondes und seiner Wanderung tut sich offensichtlich nichts. Nur bei genauen und ausgedehnten Beobachtungen werden Bewegungen von einigen wenigen Planeten sichtbar. Alle paar Jahre erregt ein Komet mit seinem Besuch im inneren Bereich unseres Sonnensystemes Aufmerksamkeit, und zuweilen erscheint auch ein neuer Stern, als Nova (aus dem lateinischen »Stella Nova«) bezeichnet. Die Milchstraße mit ihren hellen und dunklen Gebieten ändert sich ebenso wenig wie die Sternbilder. —— Dennoch steht nichts still im Universum. Die Erde bewegt sich mit einer mittleren Geschwindigkeit von dreißig Kilometern pro Sekunde um die Sonne. Unser Stern kreist mit etwa 300 Kilometern pro Sekunde um das Zentrum der Milchstraße und vollendet einen Umlauf in 225 Millionen Jahren. Diese Geschwindigkeit ist typisch für viele Sterne in unserer Galaxis. Derweil strebt die Andromeda-Galaxie, ein schwacher Lichtfleck im gleichnamigen Sternbild zwischen Perseus und Kassiopeia, mit 600 Kilometern pro Sekunde auf uns zu: ein Zusammenstoß ist in zwei bis drei Milliarden Jahren zu erwarten. Trotzdem besteht keine Gefahr für irgendwelches Leben, das dann existiert: Galaxien fallen durcheinander hindurch, ohne dass Sterne miteinander kollidieren. Erst vor ein paar Jahren wurde eine Kleingalaxie entdeckt, die gerade von der Milchstraße verschluckt wird. Einflüsse auf den Rest der Galaxis gibt es keine. —— Zusammenstöße von Galaxien sind extrem selten. Mit Ausnahme von etwa einem Dutzend Objekten entfernen sich alle von uns. Die Fluchtgeschwindigkeiten reichen von ein paar hundert Kilometern zu mehreren 10 000 Kilometern pro Sekunde. Dabei besteht ein direkter Zusammenhang zwischen Distanz und Geschwindigkeit: je weiter ein Objekt entfernt ist, desto größer ist seine Fluchtgeschwindigkeit. Diese Expansion des Universums wurde vor siebzig Jahren von Edwin Hubble (1889–1953) entdeckt; inzwischen hat man sie bis an die Grenzen des beobachtbaren Universums nachgewiesen. In gewisser Weise sieht es aus, als ob wir im Mittelpunkt einer gigantischen Explosion säßen. Das Universum hat aber kein Zentrum. Man muss es sich vielmehr so vorstellen wie Punkte auf einem Ballon, der aufgeblasen wird. Da bewegen sich auch alle Punkte voneinander weg, und zwar in gleicher Weise, egal welchen Punkt man auswählt, und weiter entfernte Punkte bewegen sich schneller als nahe. Eine andere Veranschaulichung wären Rosinen in einem Kuchen, der während des Backvorganges aufgeht. —— Die Expansion bedeutet, dass die Galaxien in der Vergangenheit viel näher zusammen lagen. Das Universum war früher auch viel heißer, genauso wie sich Luft in einer Pumpe erhitzt, wenn sie zusammengepresst wird. Es war so heiß, dass keine Atome existieren konnten und es nur aus Strahlung und Elementarteilchen bestand. Dieser extreme Zustand wird als Urknall bezeichnet, aus dem sich alle beobachtbaren Strukturen entwickelt haben. Die momentane Expansionsrate des Universums ist der Quotient aus der Fluchtgeschwindigkeit einer Galaxie, wie sie von der Erde erscheint, und ihrer Distanz. Er wird Hubble-

Konstante genannt und mit H0 bezeichnet. H0 ist also keine absolute Zahl, sondern hat eine Maßeinheit, Geschwindigkeit in Kilometer pro Sekunde geteilt durch Strecke. Dies ist äquivalent zu einer inversen Zeit: 1/Sekunde. Kehrt man die Expansion um und berechnet den zeitlichen Abstand bis zu dem Moment, in dem alle Galaxien in einem hypothetischen Punkt vereint waren, so erhält man das Alter des Universums. Wäre die Hubble-Konstante seit dem Urknall gleich geblieben, wäre dies genau der Kehrwert von H0. Wir wissen allerdings, dass sich H0 im Laufe der Zeit änderte. Nur in einem komplett leeren Universum wäre die Konstante immer konstant, doch mit Materie im Universum müsste sich das Universum früher schneller als heute ausgedehnt haben. ____ Die einzige Kraft, die der universellen Expansion entgegenwirkt, ist die Gravitation. Da sie nur anziehend wirkt – eine gute Eigenschaft, die uns auf der Erde hält und dafür sorgt, dass die Atmosphäre nicht in den Weltraum entweicht –, müsste sie die Expansion eigentlich bremsen. In einigen Fällen wurde diese in der Tat von der Gravitationskraft überwunden. So sind, siehe oben, die Milchstraße und die Andromeda-Galaxie gravitationell aneinander gebunden. Die globale Abbremsung des Universums hängt direkt von der mittleren Dichte der Materie ab. Wenn wir diese kennen würden, könnten wir das Alter des Universums berechnen – sollte man jedenfalls meinen. ____ Als zum ersten Mal ein Wert für die Hubble-Konstante vorgelegt wurde, ergab sich eine peinliche Situation: Das aus H0 abgeleitete Alter des Universums war viel kleiner als das Alter der Erde oder der Sonne, wie es aus physikalischen und chemischen Messungen folgt. Dies ist natürlich unmöglich, und es stellte sich bald heraus, dass man die Entfernungen zu den Galaxien unterschätzt hatte. Allerdings hat sich das »Hubble-Alter« immer unter dem Alter der ältesten bekannten Sterne gehalten, und die Peinlichkeit wurde nur etwas verschoben. Erst kürzlich zeichnete sich ein Ausweg aus dem Dilemma ab. Lange nahmen die Kosmologen an, dass das Universum genügend Masse enthält, um die Expansion irgendwann zum Stillstand zu

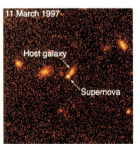

bringen. Messungen der letzten Jahre haben Zweifel an dieser Annahme aufkommen lassen: Es wurde klar, dass nicht genug »normale« Materie vorhanden ist, um jenen Endzustand zu erreichen. Unter normaler oder baryonischer Materie verstehen wir alles, woraus die beobachtbare Welt zusammengesetzt ist, somit alles, was aus Atomen besteht. Die Annäherung der Andromeda-Galaxie kann nur verstanden werden, wenn zusätzlich nicht-baryonische Masse vorhanden ist, um genügend Anziehung zu haben. Sie muss aus Teilchen bestehen, die noch unentdeckt sind, und wird allgemein Dunkle Materie genannt. Die Frage ist jetzt, ob es genügend Dunkle Materie gibt, um die Expansion des Universums irgendwann zu beenden. ____ Wie misst man etwas, das man nicht sehen kann? Hier hilft uns die Allgemeine Relativitätstheorie von Albert Einstein (1879–1955) weiter. Sie stellt einen Bezug von Masse, Raum und Zeit her. Masse krümmt den Verbund von Raum und Zeit, und aus der Größe dieser Krümmung folgt wiederum die mittlere Massendichte. Ist es also möglich, die globale Geometrie des Universums zu messen, so können wir auch bestimmen, ob genügend Masse vorhanden ist, um seine Expansion zu stoppen. Solche Messungen, bei denen Distanzen zu entfernten Objekten bestimmt werden, haben nun zwei unabhängige Forscherteams in den letzten Jahren durchgeführt. Beide sind transatlantische Zusammenschlüsse, die in einem heftigen Wettkampf stehen. Dabei gelang es dem einen Team, dem »Supernova Cosmology Project«, eine ganze Reihe entfernter Objekte zu erfassen, während die andere Gruppe, das »High-z Supernova Search Team«, dem auch der Verfasser angehört, etwas bessere Messwerte erbrachte. Vollkommen unabhängig gelangten dabei beide Gruppen zu unerwarteten und erstaunlichen Resultaten. _____ Wie schon angedeutet, ist die Messung von astronomischen Distanzen nicht einfach. Hier hilft uns jetzt eine spezielle Art von Sternexplosionen, die Supernovae. Solche extrem hellen »Neuen Sterne« sind zuweilen auch in weit entfernten Galaxien auszumachen. Eine Untergruppe dieser Supernovae ist der Typ Ia: Er scheint eine sehr gleichförmige Erscheinung zu sein, denn die Explosionen dieser Gruppe erreichen alle dieselbe Leuchtkraft. Vergleicht man jetzt nahe und entfernte Ia-Supernovae, so kann zumindest die relative Distanz gemessen werden. Zur Verblüffung der Astronomen stellte sich heraus, dass die entfernten Supernovae weiter weg sind, als in einem ungebremsten Universum erwartet wird. Dies ist paradox. Wir wissen, dass Materie im Universum existiert und folglich eine Abbremsung vorhanden sein müsste, aber die Messungen deuten daraufhin, dass die Expansion nicht abgebremst wurde, ja, sie scheint sich im Gegenteil beschleunigt zu haben! _____ Eine mögliche Lösung dieses Problems hat Albert Einstein aufgezeigt. Als er zum ersten Mal seine Allgemeine Relativitätstheorie auf das Universum anwandte, glaubte er an einen ewig gleichen Kosmos. Die Relativitätstheorie beschreibt allerdings ein dynamisches Universum, das entweder expandiert oder kontrahiert. Um seine Lehre der – scheinbaren – Realität anzupassen, führte Einstein die sogenannte Kosmologische Konstante ein, die der Gravitation entgegenwirkt. Mit der

Ferne Explosion *Die Bildfolge zeigt das Auf und Ab einer Ia-Supernova in einer anonymen Galaxie, die schätzungsweise zehn Milliarden Lichtjahre entfernt ist. Die Messdaten für die Helligkeit der Explosion legen nahe, dass die Expansion des Universums schneller voranschreitet.* Foto: ESO

Entdeckung der globalen Expansion durch Hubble war diese Konstante allerdings hinfällig. Einstein selbst hat sie sofort aufgegeben und als seine »größte Eselei« bezeichnet. In unseren Tagen erlebt sie jedoch eine unerwartete Rückkehr, denn die Messungen der Ia-Supernovae lassen sich nur mit ihrer Hilfe erklären. _____ Es ist die Energie des Vakuums in der Form der Kosmologischen Konstante, die das Universum auseinander treibt, und möglicherweise sind wir gerade dabei, seine grundlegenden Parameter zu bestimmen. Für die Hubble-Konstante H_0 hat sich in den letzten Jahren ein Konsens für einen Wert um 70 Kilometer pro Sekunde pro Megaparsec – ein Megaparsec sind 3260000 Lichtjahre – etabliert; allerdings wären auch 60 oder 80 denkbar. Da die Raumzeit vermutlich nicht gekrümmt ist und die Gesamtenergie des Universums sich zu 30 Prozent in seiner Materie – der sichtbaren wie der dunklen – und zu 70 Prozent in der Kosmologischen Konstanten manifestiert, ergibt sich ein Alter von dreizehn oder vierzehn Milliarden Jahren, komfortabel genug für die ältesten Sterne mit elf Milliarden Jahren. Damit ist das Schicksal des Universums besiegelt. Es wird sich für immer ausdehnen, getrieben von der Vakuumsenergie, deren physikalische Erklärung noch unklar ist. Copernicus riss die Menschen aus der Sicherheit des geozentrischen Weltbildes. Später, in den zwanziger Jahren des 20. Jahrhunderts, zerfiel die Hypothese von der einen Milchstraße: es wurde klar, dass Millionen von Galaxien existieren. Und jetzt haben wir gelernt, dass der Kosmos zwar einen Anfang im Urknall hatte, aber nie ein Ende finden wird.

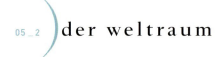

05_2)der weltraum

zu beginn des 21. jahrhunderts——— DANIEL FISCHER

Die Neugier, Fragen nach dem großen Ganzen zu stellen, die über den irdischen Horizont hinausragen, hat den Menschen stets umgetrieben. Aber es gibt Epochen, in denen der Erkenntnisfortschritt besonders dramatisch voranschreitet. Der Anfang des 17. Jahrhunderts war solch eine Zeit, als die moderne Astronomie ihren Anfang nahm, oder die zwanziger Jahre des 20. Jahrhunderts, als die Astrophysik die wahren Dimensionen des Universums zu begreifen begann. Die großen Erkenntnissprünge gingen stets einher mit wesentlichen Fortschritten in der Beobachtungstechnik: Man kann sich viele Gedanken über den Kosmos machen, aber nur die tatsächliche Messung kann letztlich entscheiden, welches Bild von der Welt der Realität näherkommt. Andererseits bedarf es großer theoretischer Anstrengungen, um aus der Flut der Daten ein sinnvolles Bild zu formen.——— Vielleicht die größte Entdeckung der Vergangenheit war die, dass die Physik des Kosmos im Großen genau denselben Gesetzen gehorcht wie die Physik im Labor. Das All, das sich selbst dem experimentellen Zugriff entzieht, kann mit dem im Labor Gelernten prinzipiell vollständig verstanden werden, kein noch so bizarres kosmisches Phänomen ist je entdeckt worden, das sich nicht zu guter Letzt doch als Ausprägung im irdischen Rahmen bekannter Vorgänge entpuppte, wenn auch zuweilen in gewaltig größerem Maßstab. Und manchmal gelingt der Durchblick sogar zuerst im Kosmos mit seinen oft extremen Bedingungen, wo ungewöhnliche Effekte klarer hervortreten.——— Mit dieser Erwartung geht die Astronomie nun ins 21. Jahrhundert. Zudem mit einem längst von niemandem mehr auch nur annähernd überschaubarem Wissensfundus, der größtenteils in den vergangenen hundert Jahren geschaffen wurde und der ein verblüffend detailreiches Bild des Universums zeichnet. Wir haben gelernt, dass es hierarchisch aufgebaut ist – Sterne gruppieren sich zu Galaxien, diese zu Haufen, Superhaufen und so weiter – und dass es sich in ständiger Expansion befindet und mithin einen Anfang vor endlicher Zeit hatte. Wir kennen seine wesentlichen Bausteine, jedenfalls diejenigen, die leuchten, und genau weil sich das Gesamtbild – zum ersten Mal überhaupt in der Geschichte der Menschheit – einer gewissen Vollständigkeit nähert, sind auch die verbleibenden Lücken gerade in den letzten Jahren des 20. Jahrhunderts klarer denn je geworden. Natürlich vermag niemand zu sagen, wann die Antworten auf die offenen Fragen gefunden werden und ob schon die nächste Generation von Teleskopen auf der Erde und im Weltraum die entscheidenden Durchbrüche bringt. Aber das Tempo, mit dem die Erkenntnisse in der Gegenwart angehäuft werden, lässt keinen Zweifel aufkommen: Wir leben wieder in einer jener Schlüsselepochen der Astronomie. _____ Und dies sind einige der großen und kleinen Fragen, mit denen die Astrophysik noch zu ringen hat: Wie lauten die drei grundlegenden Parameter des Universums, nämlich seine aktuelle Expansionsgeschwindigkeit, seine mittlere Dichte – die über eine etwaige Abbremsung der Expansion oder gar ihre Umkehr entscheidet – und der Anteil jener geheimnisvollen »Dunklen Energie«, die die Expansion umgekehrt zu beschleunigen trachtet und für deren Existenz es immer mehr Hinweise gibt? Wie sind nach dem Urknall die heutigen großräumigen Strukturen des Universums entstanden? Was war zuerst da, die großen Materieanballungen oder die Galaxien oder einsame Galaxienbausteine? Woraus besteht jene mysteriöse Dunkle Materie, die sich nur durch ihre Schwerkraft bemerkbar macht, aber die kosmische Strukturbildung ebenso beeinflusst wie den Zusammenhalt von Galaxienhaufen und die Rotation einzelner Galaxien? Und: War der Urknall wirklich einmalig oder könnte es sein, dass unser Kosmos einer von vielen ist? _____ Wie verlief die Geschichte der Sternbildung im Laufe der kosmischen Evolution, und wann war die Entstehungsrate besonders hoch? Vieles gerade aus der Frühgeschichte bleibt hinter Staub verborgen, nur die moderne Infrarotastronomie hilft weiter. Unter welchen Bedingungen entstehen welche Arten von Sternen? Kondensieren aus den großen Dunkelwolken der interstellaren Materie entweder nur große oder nur kleine Sterne oder beide bunt gemischt? Warum entstehen manche Sterne als Einzelgänger, viele aber in Paaren? Und wie beeinflussen neue Sterne ihre Umgebung und die Bildung künftiger Sterngenerationen? Wie häufig umgeben sich Sterne mit Planetensystemen, die dem unseren ähneln und wo prinzipiell lebensfreundliche Bedingungen herrschen könnten? Wie verbreitet ist Leben wirklich im Universum? Alle theoretischen Überzeugungen, dass es eigentlich ganz einfach wäre, die chemische Evolution anzustoßen, bedeuten nichts, solange nur genau der eine Fall Erde bekannt ist. Gesucht wird nach eindeutigen Anzeichen, dass bestimmte Bedingungen auf fernen Planeten – die zu entdecken wir gerade begonnen haben – nur durch belebte Prozesse geschaffen werden konnten, eindeutige »Biomarker« also, die noch über viele Lichtjahre hinweg erkennbar sind. _____ Schließlich: Welche Erkenntnisse über das Universum wie auch über Physik unter Extrembedingungen können wir dem Kosmos noch abgewinnen, ohne dass die Informationen durch das Medium der elektromagnetischen Wellen zu uns gelangen, wie praktisch alle bisherigen? Zwei weitere Übertragungskanäle wurden gerade erst »angezapft«, Neutrinos und Teilchen der Kosmischen Strahlung, und jedesmal bedeutende Fragen aufgeworfen. Der letzte verbliebene Kanal dürfte in den kommenden Jahrzehnten endlich zugänglich werden: Gravitationswellen, die von besonders gewaltigen Ereignissen wie kollidierenden Neutronensternen zeugen. _____ Natürlich sind auch die klassischen Betätigungsfelder der Astronomie noch nicht annähernd ausgeschöpft: Noch um einiges ist die Empfindlichkeit beim

Astronomie aus Kindersicht, 1999 Grafik: Philip Martinow

Nachweis schwächster Licht- und Radiowellen zu steigern, durch noch größere Teleskope und effizientere Detektoren, und die räumliche Auflösung, die Sehschärfe am Himmel sozusagen, lässt noch viel gewaltigere Steigerungen zu. Der Trick, inzwischen Radio- wie optischen Astronomen zugänglich, besteht in der geschickten Koppelung weit entfernter Instrumente, um die Leistung eines einzigen Giganten nachzubilden. Schon gibt es die Forderung nach Einzelteleskopen in hunderttausenden (!) von Kilometern Abstand, um auch auf den fernsten Himmelskörpern noch Einzelheiten zu erspähen. Und die technologischen Hürden scheinen prinzipiell überwindbar. _____ Noch eine dritte Dimension astronomischer Messdaten gilt es zu erwähnen, und sie ist gewissermaßen unfreiwillig über die Astronomen gekommen: die schiere Menge an Daten. So genannte Himmelsdurchmusterungen, das systematische Abgrasen des Himmels, Quadratgrad für Quadratgrad, und das Katalogisieren des Gefundenen gehörten schon immer zu den Grundübungen der Astronomie: Die ersten Sternkataloge gab es bereits im Altertum. Moderne elektronische Bilddetektoren mit ungeahnter Empfindlichkeit und automatischer Datenanalyse bei vielen verschiedenen Wellenlängen, die ganz unterschiedliche Aspekte kosmischer Quellen betonen, haben nun zum Ende des 20. Jahrhunderts eine neue Qualität geschaffen. Waren es früher einzelne Astronomen, denen ihre Daten »gehörten« und die damit Wissenschaft betrieben, so sind es heute große internationale Konsortien von Instituten, welche die Beobachtungen durchführen und gewaltige Datensätze erzeugen. _____ Weiterhin gibt es allerdings auch den gegenläufigen Trend, mit immer leistungsfähigeren Instrumenten einzelnen Objekten immer mehr Details abzugewinnen, doch mehr und mehr Astronomen sehen in der trickreichen Auswertung von Himmelsdurchmusterungen den Ansatz, der die Astrophysik des 21. Jahrhunderts am stärksten beeinflussen wird. Moderne Speicher- und Kommunikationsmethoden machen es auch immer leichter, die Datenmengen jedermann – auch interessierten Amateurforschern –

Kosmos im Computer *Elektronische Simulationen und Animationen sind aus der heutigen astronomischen Forschung nicht mehr wegzudenken.* Grafiken: Christoph Kulmann, Daniel Weiskopf, Max-Planck-Institut für Gravitationsphysik / National Center for Supercomputing Applications

zugänglich zu machen. Und Techniken des »Data Mining«, der automatischen Ausschöpfung solcher Dateien auf der Suche nach größeren Zusammenhängen, werden ganz neue Zugänge ermöglichen: Die Quantität der Messungen wird zu einer eigenen Qualität. Wie so etwas funktionieren kann, hat sich schon in den neunziger Jahren nach der Aufnahme der ersten automatischen Himmelsdurchmusterungen gezeigt, die möglichst viele ferne Galaxien in drei Dimensionen aufspüren wollen. Weil die Durchmusterungen wirklich jeden Punkt des Himmels absuchen und Millionen Quellen erfassen, steigt auch die Wahrscheinlichkeit, ganz seltene und exotische Himmelskörper zu entdecken. Prompt wurde eine Reihe sehr kühler Brauner Zwerge gefunden, Ministerne, bei denen es nicht zur Kernfusion reicht, und die in unserer Milchstraße einsam ganz in der Nähe des Sonnensystems stehen, wo man sie vorher völlig übersehen hatte. Oder mysteriöse Lichtpunkte in großer Entfernung mit einem Strahlungsspektrum, das zu keinem bekannten Himmelskörper passt, exotische Galaxien vielleicht. _____ So schreitet die

Astronomie nun mit vielen Methoden gleichzeitig voran, mit regelrechten Maschinen, die den Himmel industriell abgrasen, mit Superteleskopen, die die interessantesten Einzelobjekte immer genauer unter die Lupe nehmen, und mit seltsam anmutenden Messtechniken, die die letzten verschlossenen Fenster öffnen sollen. Zur Jagd nach Gravitationswellen dienen beispielsweise weit entfernte Stationen, die ihre Abstände voneinander mit Laserstrahlen auf Atomgröße genau messen, während nach Neutrinos und Teilchen der Kosmischen Strahlung mit riesigen Wassertanks oder in natürlichen Seen, Meeren oder im Eis gefahndet wird, wo sie schwache Lichtblitze hinterlassen. Noch nie waren »Sternwarten« so vielgestaltig wie heute. _____ Doch es gibt noch einen prinzipiellen Weg, etwas über den Kosmos zu erfahren, von dem bislang nur die Planetenforscher in unserem eigenen Sonnensystem Gebrauch machen konnten: Selbst hinfliegen (gelungen beim Mond) oder Roboter hinschicken (erfolgreich bei fast allen großen und mehreren kleinen Planeten und Kometen). Den eigenen Fuß oder den einer Raumsonde auf einen anderen Himmelskörper zu setzen, schafft eine ganz neue Qualität der Erkenntnis: Die Planetenforscher fühlen sich seit den sechziger Jahren daher auch viel mehr der Geophysik als der Astronomie zugehörig. Jenseits der Außenbezirke des Sonnensystems klafft ein riesiger Abgrund quasi leeren Raumes, das natürliche Ende aller Forschung »vor Ort«. Aber muss das immer so bleiben? Science Fiction ist es heute gewiss noch, über die ersten Reisen von Raumsonden zu anderen Sternen zu spekulieren, aber wie wäre es beispielsweise mit folgendem Szenario: Da wird zu einem rohstoffreichen Asteroiden eine kleine Raumkapsel geschickt, sie landet und beginnt den kleinen Planeten zu nutzen. Sie fördert, was sie an Metallen, Treibstoffen etc. braucht, lernt dazu, baut an sich selbst und wächst und gedeiht, während ihre Komplexität ständig zunimmt. Wie ein Parasit sitzt sie auf dem Asteroiden, den sie allmählich zu einer Art Raumschiff umgebaut hat. Und irgendwann ist es so weit: Das leistungsfähige Triebwerk einer Technologie, die wir heute

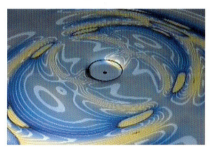

noch gar nicht kennen und die vielleicht selbst beim Start der ursprünglichen Kapsel noch unbekannt war, wird gezündet. Der intelligent gewordene Asteroid verlässt unser Sonnensystem, um ferne Welten zu erkunden und seine Entdeckungen der Erde zu melden, während er sich selbst immer weiter entwickelt wie ein Organismus. _____ Aberwitzige Spinnerei? Vielleicht, aber exakt dieses Planspiel trug der Direktor der NASA, Dan Goldin, im Juni 1999 auf der Welttagung der – zugegebenermaßen sprachlosen – Astronomen in Chicago vor. Das Schwierige bei Aussagen über die Zukunft ist, dass sie noch nicht stattgefunden hat. Aber die Dynamik der Entwicklung in allen Bereichen der Weltraumforschung ist heute so hoch, dass wir hoffen können, noch einen spannenden Teil dieser Zukunft mitzuerleben.

PIONIER DES WELTALLS

Schweiz 1,40 Fr.
Österreich
10.— Sh.
Luxemburg
20.— Bfrs.
Holland 1.50 fl.

UFO'S ARE REAL
THE AIR FORCE DOESN'T EXIST

❶ **Erich von Däniken, gesehen von Charles Wilp** *Der Schweizer Autor war sehr erfolgreich mit seiner These, dass irdische Mythen auf Kontakte mit außerirdischen Raumfahrern zurückgehen.* Foto: Art and Space

❷ **3/29 Ausschnitt aus der Titelseite eines »Nick«-Hefts, 1959** Berlin, Sammlung Ralf Bülow

❸ **Der Alien** *Lou Gossett jr. in der Maske des Drac-Wesens Jeriba, eines der Helden in »Enemy Mine« (1985) von Wolfgang Petersen.* Foto: Twentieth Century Fox

SAUCERS
FROM
OUTER
SPACE

Major
Donald E. Keyhoe
U. S. MARINE CORPS. (Ret.)

1 3/187 **Flying Saucers from Outer Space** *Das gleichnamige Buch von Donald E. Keyhoe (1897–1988) machte 1953 die Außerirdischen für große Teile der Öffentlichkeit und der Medien diskutabel, nicht zuletzt durch den militärischen Rang des Autors. Das Bild zeigt die US-Taschenbuchausgabe von 1954. Berlin, Sammlung Ralf Bülow* **2** »**Enterprise« über Düsseldorf** *Die Weltraum-Fernsehserie »Star Trek« entwickelte sich nach der Erstsendung in der sechziger Jahren zum globalen Kultphänomen. Die deutsche Fassung »Raumschiff Enterprise« wurde auch von Joseph Beuys geschätzt. Foto: Paramount Pictures* **3** 3/183 **Begegnung mit fremden Intelligenzen** (Ausschnitt), Klaus Bürgle *Leihgabe des Künstlers*

ICH STELLE MIR DIE AUSSERIRDISCHEN SO VOR: SIE HABEN EINEN EINEN AUSDEHNBAREN HALS

WIE E.T., DANN HABEN SIE SCHWARZES FELL MIT WEISSEN PUNKTEN, ZWEI BLAUE AUGEN

MIT EINEM SCHWARZEN RAND, DIE FÜSSE SIND MIT HELLBRAUNER HAUT BEDECKT.

SOPHIE ELISABETH BÜRKLE (9 JAHRE)

❶ 3/194 Die UFOs kommen

Der 1955 geborene, in den USA lebende Künstler Ionel Talpazan glaubte mit acht Jahren ein riesiges unbekanntes Flugobjekt zu sehen. Dieses Erlebnis sollte seine künstlerische Karriere entscheidend prägen, in der er zu einem Star der ›UFO Art‹ wurde. Das Bild zeigt drei seiner UFO-Skulpturen aus den Jahren 1992 und 1993. New York, American Primitive Gallery

06 _ im staub der sterne)

0

RALF BÜLOW_____

Der Weltraum kann mit Instrumenten erforscht und mit Raumschiffen befahren werden. Doch es gibt noch eine andere Methode, um sich ihm zu nähern, nämlich mit Hilfe der Fantasie, sei es in Gestalt der Astrologie, sei es im Medium der bildenden Kunst, des Film und der Literatur. _____ In der Kulturgeschichte des Abendlands hat die Sterndeutung eine bedeutende Rolle gespielt. Vor der Erfindung des Fernrohrs, in der Ära der reinen Positionsastronomie, wiesen die Berufe des Astronomen und des Astrologen nur wenige Unterschiede auf. Beide genossen die gleiche Ausbildung – *astronomia* zählte zu den sieben freien Künsten der mittelalterlichen Universität – und hantierten mit den gleichen Instrumenten, zumeist Astrolab und Armillarsphäre. Zwei der größten Himmelsforscher haben sich astrologisch betätigt: Ptolemaios verfasste nicht nur den *Almagest* sondern auch die *Tetrabiblos,* eine umfassende Einführung in die Sterndeutung der hellenistischen Zeit, Johannes Keplers letzte Stelle war die eines Hausastrologen beim Herzog von Wallenstein. Und ohne das breite Interesse für himmlische Zeichen müssten die Kometenforscher auf viele ältere Beobachtungsnotizen verzichten. _____ Doch gerade hier liegt das Problem der Astrologie: Sie lehrt immer noch den kleinen Kosmos der

Antike, selbst wenn dieser um drei Planeten – Uranus, Neptun und Pluto – erweitert und die Sonne von der vierten Sphäre ins Zentrum gerückt wurde. Sicher, die Konstellationen des Tierkreises basieren auf Lichtjahre entfernten Sternen, allerdings wissen schon astrologische Anfänger, dass die zwölf Geburtszeichen nur geometrische Unterteilungen der Sonnenbahn und keine stellaren Einflusszonen bedeuten. Die Astrologie hat die Milchstraße bis heute sträflich vernachlässigt, und auf dem Markt der volkstümlichen »Wissenschaften« ist ein anderes Angebot an ihr vorbeigezogen, das die Tiefen unserer Galaxis in ganz besonderer Weise zur Erde holt. Gemeint ist die Lehre von den Außerirdischen oder »Aliens«. _____ Schon in der ersten Raumfahrt-Story der Weltliteratur, Lukians *Wahrer Geschichte,* tauchen außerirdische Wesen auf, doch in seriöser Form wurden sie erst in der Kosmologie der Barockzeit behandelt. Forscher wie Christian Huygens und Philosophen wie Immanuel Kant schlossen nicht aus, dass andere Planeten des Sonnensystems Leben tragen, ein Gedanke, der wiederum die Literaten anregte – siehe Voltaires *Micromegas* oder schon vorher die *Entretiens sur la pluralité des mondes* von Bernard Le Bovier de Fontenelle. Sein 1686 erschienenes Dialogwerk erwies sich als ein wahrer Jahrhunderterfolg. Die Fortschritte in der Astronomie und der Biologie dämpften den Glauben an die Brüder und Schwestern im All nur wenig, im Gegenteil, die verbesserten Teleskope des 19. Jahrhunderts schienen handfeste Beweise ihrer Existenz zu liefern. _____ Im Jahre 1877 und auch danach sah der Astronom Giovanni Virginio Schiaparelli (1835 – 1910) auf dem Mars gewisse Merkmale, die er auf seinen Marskarten – die die besten ihrer Zeit waren – als Streifen oder Linien eintrug und *canali* nannte. Auf Italienisch heißt das Gräben oder Rillen, doch in anderen Ländern liess das Wort an künstlich hergestellte Bauwerke denken. Am weitesten ging dabei der Amerikaner Percival Lowell (1855 – 1916), der seit 1894 in seinem Privatobservatorium in Flagstaff (US-Bundesstaat Arizona) den Roten Planeten mit Eifer studierte. Er fand Dutzende von »Kanälen« und beschrieb in drei Büchern eine Marszivilisation mit gigantischen Bewässerungssystemen und Grünstreifen. Andere Astronomen wie der exzellente Beobachter Eugène Michael Antoniadi (1870 – 1944) widersprachen Lowell, doch noch 1965 stattete die U.S. Army ihre Marskarten mit einem Kanalnetz aus. Heute ist klar, dass die meisten der damals entdeckten Linien auf Sinnestäuschungen beruhten; nur zwei oder drei korrelieren mit tatsächlichen Stukturen wie den *Valles Marineris,* dem Grand Canyon des Mars. Als Nebeneffekt der durch Schiaparelli und Lowell ausgelösten Diskussionen entstanden immerhin berühmte Marsromane wie *Auf zwei Planeten* (1896) von Kurd Laßwitz, Herbert George Wells' *War of the Worlds* (1898) und seit 1912 eine komplette Romanserie des »Tarzan«-Autors Edgar Rice Burroughs. _____ Die Genese der Literaturgattung Science Fiction ist ein Kapitel für sich, und in der Philologie kursieren mehrere Kandidaten für den ersten Autor oder die erste Autorin (Mary Shelley – ein Vorschlag von Brian Aldiss). Sicher ist, dass die Weltraumgeschichten das Rückgrat des Genres bilden. Dies gilt auch für den Beginn der modernen Science Fiction, den man auf das Jahr 1926 datieren kann, als in New York das erste Heft der Zeitschrift *Amazing* herauskam. Darin – und in bald darauf gegründeten Imitaten – traf der Leser auf ein sehr lebendiges Universum; selbst Jupiter- und Saturnmonde wiesen intelligente Wesen auf. Ganz ähnlich ging es in utopischen Comics wie *Flash Gordon* zu, der in den späten dreißiger Jahren in eine Actionfilm-Serie transformiert wurde. Nach dem Ende des Zweiten Weltkriegs, der die Welt ins Atom- und Raketen-Zeitalter geführt hatte, war die Bühne bestens hergerichtet für den nächsten Auftritt der Außerirdischen. _____ Am 24. Juni 1947 glaubte der Geschäftsmann und Privatpilot Kenneth Arnold während eines Flugs über dem US-Bundesstaat Washington neun helle Gebilde zu sehen, die als »Fliegende Untertassen« oder »Unidentifizierte Fliegende Objekte« Geschichte machten. Sie warfen bis heute ungelöste Fragen auf: Wird der irdische Luftraum von mysteriösen Fahrzeugen penetriert? Werden diese von außerirdischen Wesen gelenkt? Fanden Begegnungen der Wesen mit Menschen statt? Seit 1947 kam die

Gunther Baumgart (1945–1999) _____ Der Weltraumkünstler Gunther Baumgart wurde am 14. April 1945 im westfälischen Lichtenau geboren. In Essen absolvierte er das Gymnasium; seit 1968 studierte er Grafik an der Folkwangschule, seit 1970 Kirchenmusik bis zum Examen am Folkwang-Konservatorium. Seinen Lebensunterhalt verdiente Baumgart damals als technischer Zeichner. Dadurch erhielt er 1969 wohl auch Zugang zum UNIVAC-Rechner der Essener Verkehrsbetriebe, an dem er, inspiriert durch Vorlesungen von Max Bense, Computergrafiken erstellte. _____ Im Jahr 1973 wechselte Baumgart an die Hochschule der Künste in Berlin, 1978 wurde er Meisterschüler bei Klaus Fussmann, 1980 freischaffender Künstler. In dieser Zeit scheint er vor allem Radierungen geschaffen zu haben, darunter einige mit Raumfahrtmotiven. Im Jahre 1978 stieß er dann auf die Schrift, die seinem Leben eine neue Richtung gab: *Project Daedalus*. Die Broschüre der British Interplanetary Society schilderte eine unbemannte atomgetriebene Raumsonde, die Barnards Stern anfliegt, einen sechs Lichtjahre entfernten Fixstern, dem damals manche Astronomen einen Planeten zuwiesen – eine inzwischen wieder verworfene Hypothese. Baumgart arbeitete *Project Daedalus* Zeile um Zeile durch und entwickelte das ähnlich angetriebene Raumschiff *Centaurus*, das die Reise mit Menschen antritt. Frucht seiner Mühen waren großformatige Pläne und Zeichnungen des Raumschiffs. Es folgte die grafische Serie *Raumstation Euphemia*, ein kosmisches Narrenschiff, dessen Besatzung eine umfassende Klassifikation menschlicher Perversität und Destruktivität darstellte. _____ Im Jahre 1983 begann Baumgart mit einem neuen Projekt, das sich zu einem wahren Weltraum-Gesamtkunstwerk auswuchs. In seinem Zentrum stand ein neuer Raumschifftyp, die »Ringwelt«. Ihr Ziel war der Doppelstern 70 Ophiuchi in der Sternenkonstellation Schlangenträger. Für das Innere des Schiffs →

❶ 3/201 Project Daedalus, British Interplanetary Society Berlin, Nachlass Gunther Baumgart
❷ 3/206 Orangerie im Raumschiff »Centaurus«, Gunther Baumgart Berlin, Nachlass Gunther Baumgart

Debatte darüber nicht zur Ruhe, und wer den Suchbegriff »UFO« im Internet aufruft, kann über 600 000 Nennungen erwarten. Klar ist jedenfalls: Sollte jemals ein überzeugender Nachweis der außerirdischen Besucher gelingen – und das kann nur heißen: Abgesandte von einem fremden Fixsternsystem –, wäre es die größte astronomische Sensation, die vorstellbar ist. Dieser Nachweis ist allerdings nicht in Sicht. Zwar existieren viele ungeklärte UFO-Berichte, auch Fotos fliegender Objekte, die nicht als Fälschung nachgewiesen werden konnten, doch ein unumstößlicher Beweis fehlt. _____ Seit der Beobachtung Kenneth Arnolds hat sich die internationale »UFO-Forschung« gewandelt. Suchte sie in den ersten drei Jahrzehnten vor allem nach Nachweisen für die Realität der Fahrzeuge, traten später deren

»Besatzungen« in den Vordergrund, wobei die Debatten um vermeintliche Entführungen durch Außerirdische und um mutmaßliche Alien-Überreste im Gewahrsam von US-Behörden kreisten. In der westdeutschen UFO-Szene, die lange von der »Deutschen UFO/IFO-Studiengemeinschaft« (DUIST) dominiert wurde, stieß die Vorstellung eines Kontakts mit Außerirdischen schon in den fünfziger Jahren auf viel Sympathie. Zu erwähnen bliebe die Entwicklung einer Art »historischer UFOlogie«, die sich mit dem Namen Erich von Däniken verbindet. In seinen Büchern vertritt der Schweizer seit 1968 die These von kosmischen Besuchern, die in der Ur- und Frühzeit geistig rückständige Erdlinge durch genetische Basteleien zu intelligenten Menschen machten. _____ Die zweite Hälfte des 20. Jahrhunderts erlebte nicht nur das

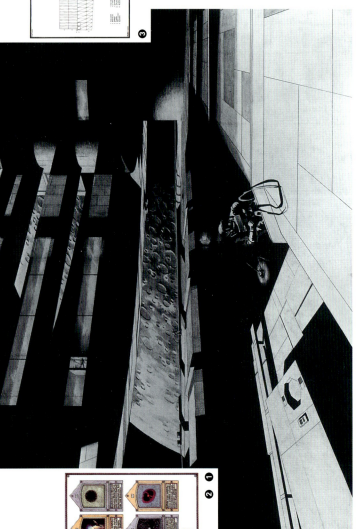

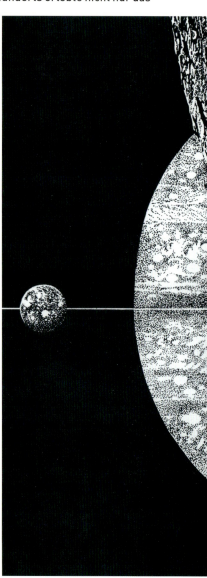

konstruierte er auf Basis intensiver ökologischer Studien erdähnliche Biotope. Die Existenz eines um 70 Ophiuchi kreisenden Planeten, auf dem die Landefähren des Raumfahrzeugs niedergehen könnten, schloss Baumgart aus seiner deterministischen Kosmologie, die das Entstehen von »Naturparadiesen« überall im Weltraum voraussetzte. Die vier Bände mit Texten und Zeichnungen zu einer fiktiven 70-Ophiuchi-Expedition wurden ergänzt durch kosmologische Studien und ein Konzept für ein Museum, in dem das komplette »Ringwelt«-Material ausgestellt werden sollte. _____ Baumgarts letztes Werk war eine Bilderfolge, die astronomische Grafiken in eine neugotische Ornamentik einbettete. Von der *Tau Ceti Mission Miozän* konnte er vor seinem Tod 1999 nur noch 28 Blätter, etwas über die Hälfte des geplanten Umfangs, fertigstellen.

Phänomen der »Fliegenden Untertassen« und ihrer Insassen, sondern auch den Aufstieg der Science Fiction zur Weltliteratur und die Erfolgsgeschichte des Weltraumfilms. Musste man solche Streifen in den fünfziger und frühen sechziger Jahren überwiegend zu den *B-Pictures* rechnen, die höchstens Action-Qualitäten besaßen, so gelang 1968 mit Stanley Kubricks *2001 — Odyssee im Weltraum* auch eine künstlerische Höchstleistung und 1977 mit *Krieg der Sterne* einer der größten kommerziellen Erfolge der Filmgeschichte. Einen gewichtigen Beitrag zur Alien-Mythologie leistete zwei Jahre später der Film *Alien* mit dem von H. R. Giger entworfenen besonders blutrünstigen Monster als Titelhelden. _____ Während die Alien-Industrie floriert, der, die oder das Außerirdische in den Mythen-Schatz der westlichen Kultur aufgenommen wurde und die bildende Kunst mittlerweile um die Gattung *UFO Art* bereichert wurde, scheint die »UFO-Forschung« selbst in die Krise zu geraten. Gute Fotos und Filme sind rar, es fehlen überzeugende Persönlichkeiten und eine selbstkritische Fachliteratur. Oder vielleicht fehlt der richtige Kommunikationsweg zu den Geschöpfen der Milchstraße? Ob Funkwellen eine Lösung wären? Doch bis auf einen unerklärlichen Piepser, der in den USA aufgefangen wurde, dem »Wow-Signal« vom 15. August 1977, hat das Universum geschwiegen. Dennoch: Es scheint eine unheimliche, fast unerträgliche Vorstellung für die Erdbewohner zu sein, dass sie wirklich mit sich allein im All sind. Deswegen wollen an extraterrestrische Artverwandte so viele hartnäckig glauben – wie die neunjährige Lilith, die im Sommer 1999 auf die Umfrage einer Berliner Tageszeitung zum diesem Thema mitteilte: »Ich sage, es gibt Aliens. Weil das Universum ist ja riesig, warum sollte es da irgendwo nicht auch andere Lebewesen geben. Es kann nicht nur uns geben!«

❶ 3/205_c Zeichnung zum Raumschiff »Centaurus«, Gunther Baumgart Berlin. Nachlass Gunther Baumgart ❷ 3/214 Kosmographie der Solarglobule, Gunther Baumgart Berlin. Nachlass Gunther Baumgart ❸ 3/210 »Ringwelt«-Raumschiff, Gunther Baumgart Berlin. Nachlass Gunther Baumgart ❹ 3/209 Planeten-Collage, Gunther Baumgart Berlin. Nachlass Gunther Baumgart ❺ 3/215 Tau Ceti Mission Miozaen (Zwei Blätter), Gunther Baumgart Berlin. Sammlung Ralf Bülow

105

❶ 3/198 **Alien V, Bettina Allamoda** Leihgabe der Künstlerin
❷ 3/192_b **Entführung, Andreas von Rétyi** Leihgabe des Künstlers
❸ 3/200_a **Alien Handle, Bettina Allamoda** Leihgabe der Künstlerin
❹ 3/193 **Ohne Titel, 1996, Helmut Lobenwein** Leihgabe des Künstlers
❺ 3/180 **Mondschaf, Ludwig Gies**
»Das Mondschaf steht auf weiter Flur. | Es harrt und harrt der großen Schur. | Das Mondschaf.« Frei nach dem Galgenlied von Christian Morgenstern schuf Ludwig Gies im Jahre 1926 die Porzellanskulptur eines lunaren Wesens. Das Foto zeigt die Neuausformung von 1981. Berlin, Bröhan-Museum
❻ 3/199 **Alien Football, Bettina Allamoda** Leihgabe der Künstlerin
❼ 3/191 **Biblisches UFO**
Auf den Spuren Erich von Dänikens ging der NASA-Ingenieur Joseph K. Blumrich 1972 daran, Passagen des Buches Hesekiel in ein Konzept für einen Raketen-Helikopter umzusetzen, wie im Modell gezeigt. Hubschraubermuseum Bückeburg ❽ 3/107 **Römisches Legionszeichen in Form des Sternzeichens Capricorn, 3. Jahrhundert n. Chr.** Museum Wiesbaden

⑤ ⑦
⑥

⑧

06_1 auf dem weg zu fremden welten –
raumfahrt und science fiction —— KARLHEINZ STEINMÜLLER

Am Anfang war die Fantasie. Ein gewaltiger Wirbelsturm reißt das Schiff aus dem Meer. Nach Tagen des Fluges trifft es auf eine kugelförmige Insel, den Mond. Dessen Herrscher, ein Grieche wie die Reisenden, rüstet sich gerade zu einer gewaltigen Raumschlacht gegen die Sonnenbewohner. Als Schlachtfeld dient ein Netz, das Riesenspinnen zwischen Mond und Morgenstern gesponnen haben. Pferdegeier prallen nun auf Riesenameisen und Mückenreiter, Kohlflügler auf Rettichschleuderer und Hundseichler... —— Visionen von einem Flug in die Himmelssphäre sind fast so alt wie die Literatur, und Lukians Lügenmärchen *Wahrhaftige Geschichte* (um 160 v.Chr.) hat das Modell für viele spätere Erzählungen von Weltraumflügen und Kämpfen gegen so absonderliche wie gefährliche Aliens abgegeben. In der Renaissance etwa erfreuten sich satirische und didaktische Erzählungen von phantastischen Weltraumreisen weiter Verbreitung. So verfolgte Johannes Kepler im *Traum vom Mond* (1634) das Ziel, das Weltbild des Copernicus zu verbreiten. Cyrano de Bergeracs Erzählungen *Reise in die Mondstaaten* und *Reise in die Sonnenreiche* (1657 bzw. 1662) sind dagegen satirische Utopien, die gesellschaftliche Zustände überspitzt und verfremdet aufs Korn nehmen. —— Erst im späten 19. Jahrhundert rückte die Weltraumfahrt aus der Sphäre der Fabuliererei in den Bereich des technisch Möglichen. Parallel wandelte sich der Charakter der Weltraumreise-Literatur: von der gesellschaftsutopischen Satire zum technisch-visionären Abenteuer. Edward Everett Hale beschrieb schon 1869 in der Erzählung *Der Ziegelmond*, wie eine gemauerte Hohlkugel in den Erdorbit katapultiert und für Navigationszwecke genutzt wird. Zur gleichen Zeit verfasste Jules Verne die Romane *Von der Erde zum Mond* (1865) und *Reise um den Mond* (1870). Verne kannte noch kein Rückstoßprinzip, seine Raumkapsel wird von einer gewaltigen Kanone um den Mond geschossen. Im Detail freilich bemühte er sich um wissenschaftliche Korrektheit: Der Mathematiker Henri Garcet, ein Verwandter Vernes, berechnete die für den Schuss zum Mond erforderlichen Daten. Auch der Startplatz auf Florida ist gut gewählt, und vom sozialen Rahmen her trifft Verne wie kaum ein späterer Autor die Realität der Apollo-Flüge. Der Start zum Mond ist ein grandioses Medienereignis. —— Seit Jules Verne ist der Flug ins All nicht mehr ein beliebig zu imaginierendes Handlungsvehikel, die Reise als solche rückt ins Zentrum der Aufmerksamkeit und wird mit dem Anspruch der Wissenschaftlichkeit beschrieben. Allerdings blieb die Raumflug-Technik in den SF-Romanen bis weit ins 20. Jahrhundert hinein phantastisch. Die frühen SF-Autoren erfanden aus heutiger Sicht oft abwegige Antriebe, Verne den Kanonenschuss, Herbert G. Wells und Kurd Laßwitz eine Art Antigravitation, andere Autoren nutzten, wie Albert Daiber in *Die Weltensegler* (1910), das vertraute Luftschiff. Bei Alexej Tolstoi materialisierte sich gar eine poetische Idee: Im Roman *Aelita* (1922) treibt die Kraft keimender Samen das »Himmelsei« zum Mars. Ähnlich unbefangen gingen ältere Weltraumfilme mit dem technisch Mög-

① Titelbildentwurf fürs Science-Fiction-Magazin »Astounding« Grafik: Frank Kelly Freas **②** 3/9 Rocket Man, Clayton G. Bailey Leihgabe des Künstlers **③** 3/84 »Perry Rhodan«-Cover, Johnny Bruck *Die seit dem 8. September 1961 erscheinende Heftroman-Serie »Perry Rhodan – Erbe des Universums« ist neben Kurd Laßwitz' »Auf zwei Planeten« und den Nick-Comics der wichtigste deutschsprachige Beitrag zur kosmischen Science Fiction. Berlin, Sammlung Ralf Bülow*

Perry Rhodan
der Erbe des Universums
Die grosse WELTRAUM-SERIE von K.H. Scheer und Clark Darlton

Unternehmen „Stardust"

...e kamen aus den Tiefen der Galaxis - nie hatte man mit ihnen gerechnet ...

Nr. 1 / 70

Österreich 4.- S
Schweiz -.80 Fr.

MOEWIG VERLAG

② **③**

lichen um. George Méliès greift in seiner operettenhaften Jules-Verne-Adaption *Die Reise in den Mond* (1902) auf die Mondkanone zurück, und Holger Madsen verwendet in seinem Film *Das Himmelsschiff* (1918) ein Luftschiff für den Flug zum Mars, der von einer pazifistisch gesinnten Bevölkerung bewohnt wird und kulturell vom Jugendstil geprägt ist. _____ »Zehn – neun – acht –« läuft der Countdown. Das Mondschiff ist eine Dreistufenrakete mit einem Flüssigkeitsantrieb nach den neuesten Projekten Hermann Oberths. Formbetten mildern den gewaltigen Andruck beim Start, Halteschlaufen überall an den Wänden ermöglichen es den Raumfahrern, sich auch bei Schwerelosigkeit durch die Kabine zu bewegen. Die Flugbahn entspricht dem energetischen Optimum: Alles in allem bildet der Film *Frau im Mond* (1929) den damaligen Stand der Astronautik erstaunlich korrekt ab. Nur dass man auf dem Mond atmen kann, hat wenig mit Wissenschaft zu tun. _____ Die zwanziger Jahre sind die eigentlichen Pionierjahre der Raumfahrt. In den wichtigsten Industriestaaten – Deutschland, den USA, Sowjetrussland, Großbritannien, Frankreich – sind einzelne Raumfahrtpioniere wie Hermann Oberth, Robert H. Goddard, Robert Esnault-Pelterie oder auch kleine Grüppchen von Raumfahrtenthusiasten aktiv, die in beharrlicher Arbeit, oft unter widrigsten Umständen, die theoretischen und praktischen Grundlagen für die Astronautik legen, nicht selten ihr gesamtes Vermögen einsetzen und bisweilen wie Max Valier ihr Leben opfern. In dieser turbulenten Pionierzeit entwickelt sich ein fruchtbares Miteinander von Raumfahrtenthusiasten und SF-Autoren, das etwa bis zur Apollo-Mondlandung anhält. Wie gering die Berührungsängste der Raketenpioniere gegenüber der technisch-phantastischen Literatur waren, zeigt der von dem gerade 22-jährigen Willy Ley herausgegebene Sammelband *Die Möglichkeit der Weltraumfahrt* (1928). In ihm steht neben Fachartikeln der Raumfahrtpioniere Walter Hohmann, Franz von Hoefft, Guido von Pirquet und

❹

Friedrich Wilhelm Sander ein Aufsatz zu »Raumschiffahrtsdichtung und Bewohnbarkeitsphantasien seit der Renaissance bis heute« von Karl Debus; gleichfalls zitiert darin Hermann Oberth einige Seiten aus Otto Willy Gails Roman *Der Stein vom Mond* (1926), um das Konzept der Raumstation zu verdeutlichen. _____ Aber auch die Raketenpioniere selbst fassten ihre Ideen in mehr oder weniger (meist weniger) gelungene erzählerische Form: Ziolkowski und Oberth, der Brite A. M. Low und der Amerikaner Laurence Manning und später Wernher von Braun. Auf der anderen Seite ließen sich SF-Autoren von Raumfahrtpionieren inspirieren oder sogar beraten, wie etwa Otto Willy Gail bei seinem Roman *Der Schuß ins All* (1925) durch Max Valier. Thea von Harbou nennt als Anregung für ihren Roman *Frau im Mond* (1928) den oben erwähnten Sammelband. Dass technisch orientierte SF-Autoren wie Gail die Fachliteratur studierten, versteht sich in diesem Zu-

sammenhang von selbst. _____ Was bewog nun die Raumfahrtpioniere, ihren Ideen lite-
rarische Gestalt zu verleihen? Primär war es sicherlich der Wunsch, die neue Technik zu
popularisieren. Gleichzeitig ging es – in einer Zeit, in der sich Militär und Industrie noch
nicht für Raumfahrt interessierten – auch darum, private Finanzierungsquellen zu
erschließen. Sobald aber im Dritten Reich die Reichswehr die weitere Entwicklung der
Raketentechnik übernommen hatte, änderten sich die Verhältnisse. Geheimhaltung war
angesagt. Bereits im Januar 1935 wurde in einer NS-Presseanweisung ein entsprechendes
Verdikt ausgesprochen: »Es sollen möglichst wenig Berichte über Raketenflugzeuge,
Raketenautos usw. erscheinen, auch nicht in Romanform.« _____ Der Planet Mongo
nähert sich der Erde. Der galaktische Kaiser Ming will die Menschenwelt mitsamt all ihren
Bewohnern zerstören. Ein Amerikaner – Flash Gordon – bietet ihm die Stirn, findet
Freunde auf Wald- und Eisplaneten, nimmt an schrecklichen Raumschlachten, geführt
mit Hunderten von Raumschiffen, teil und kann zu guter Letzt den Kaiser besiegen.
Alexander Raymonds Comic-Strip-Serie *Flash Gordon* (ab 1936) steht nicht allein. In zahl-
losen SF-Romanen rasen gewaltige Raumschiffe mit hundertfacher Lichtgeschwindigkeit

durch das All, lauern gegnerische Flotten hinter Zwergsternen, schneiden Strahlenwaffen die riesigen Metallleiber in Stücke, lassen atomare Explosionen selbst das Vakuum erzittern... _____ »Space Opera« heißen schon bald die Romane von E. E. ›Doc‹ Smith, Ray Cummings, John W. Campbell jr., A. E. van Vogt, in Anlehnung an die »Horse Opera«, die Pferdeoper des Western. Obwohl Kaiser Mings Raumschiffe technisch vorbildlich mit Raketenantrieb ausgestattet sind, ist Wissenschaft in dieser Art SF nur Staffage, ein Mäntelchchen, das den Anschein der Möglichkeit – irgendwann in ferner Zukunft – vermitteln soll. Das mag bei Heranwachsenden ziehen. In den Augen der meisten Zeitgenossen sind die schreiend-bunten Heftchen, die allmonatlich an den Kiosken ausliegen, bestenfalls unterhaltsame Spinnerei, schlimmstenfalls Ausgeburten einer krankhaften Fantasie. Dass sich in ihnen bisweilen auch durchaus ernst zu nehmende neue Konzepte verbargen, konnte angesichts all der amoklaufenden Roboter und atomisierten Planeten kaum auffallen. _____ Angesichts der Tatsache, dass die »Space Opera« das Bild der Weltraum-SF prägte, war die Beziehung zwischen der SF und der sich entwickelnden Raumfahrttechnik alles andere als konfliktlos. In den USA mag sogar die enge Verbindung von SF und Raketentechnik bis in die vierziger Jahre eher das Stigma der Heftliteratur auf die Raketen übertragen haben, als die SF durch die Realität der Raketenentwicklung in ein besseres Licht zu rücken. Einen dieser Konflikte rief Alexander Kordas Film *Was kommen wird* (1936), ein von viel Publicity begleiteter Kassenschlager, hervor. Der Film beruht auf H. G. Wells' fiktiver Zukunftshistorie *The Shape of Things to Come* (1933), die mit einem Gaskrieg beginnt, die darauffolgende Barbarei schildert und den Wiederaufbau der Zivilisation durch eine internationale Fliegerelite. Der Film schließt in der überwältigenden Kulisse der Welt des Jahres 2036 mit dem Start eines Weltraumschiffes – per elektrischer Kanone! Korda und mehr noch Wells zogen damit den Zorn der britischen Raumfahrtpioniere auf sich. Im *Journal of the British Interplanetary Society* erschien eine vernichtende Kritik des Films, dem vorgehalten wurde, die verstaubte Mondkanonen-Idee Jules Vernes wieder hervorgekramt zu haben und so dem Mann auf der Straße ein völlig falsches Bild zu vermitteln. Musste nicht der Eindruck entstehen, die Raumfahrt sei insgesamt nur ein Hirngespinst? _____ Sacht und gleichförmig dreht sich der gewaltige Doppelring der Raumstation im All, begleitet von Walzermusik. Die Erde driftet in majestätischer Schönheit ins Bild. Die Fähre, ein schnittiges Hybrid von Flugzeug und Raumschiff, gleitet heran, sie nähert sich der Nabe des Doppelringes, verschwindet langsam in der Schleuse. Drinnen empfängt die großzügige Lobby eines orbitalen Hotels die Raumreisenden. Realismus und Utopie verschmelzen in dem vielleicht berühmtesten aller Weltraum-Filme *2001 – Odyssee im Weltraum,* 1968 von Stanley Kubrick gedreht. Nie waren sich Kosmos-SF und Raumfahrt so nahe wie in den Jahren des Wettrennens zum Mond. Schon 1950 hatte mit *Endstation Mond* eine neue, beinahe dokumentarische Art von SF-Film ihren Anfang genommen. Die Raumfahrtprogramme inspirierten Autoren wie Filmemacher, und manche der frühen Projekte aus dem Team um Wernher von Braun, wie sie beispielsweise ab 1952 in einer langen Artikelserie in der Zeitschrift *Collier's* vorgestellt wurden, trugen einen definitiven SF-Touch. _____ In den Folgejahren wurden vor allem in Hollywood Dutzende Weltraumstreifen der unterschiedlichsten Qualität gedreht. Ein Teil der Produktionen, wie *Endstation Mond* (1950) und *Die Eroberung des Weltalls* (1955) oder der sowjetische Film *Der Himmel ruft* (1959), hielt sich eng an die seinerzeit vorstellbaren technischen Möglichkeiten; nicht selten wurden Raumfahrtexperten als Berater gewonnen. Bezeichnenderweise

wird jedoch in inhaltlich anspruchsvolleren Filmen wie *Alarm im Weltall* (1956) oder *Der schweigende Stern* (1959), einer Koproduktion der DEFA mit einem polnischen Studio, der Akzent weniger auf Technik und mehr auf philosophische Fragen gesetzt. Angesichts der raschen Fortschritte der Raketentechnik schien es nach dem ersten Sputnik und Gagarins Flug nicht vermessen, sogar ein Ende der Raumfahrt-SF zu prophezeien. Der ostdeutsche Literaturwissenschaftler Werner Krauss konnte allerdings schon 1962 ein letztes Rückzugsgebiet für Utopisches ausmachen, die Begegnung mit außerirdischen Intelligenzen, »Brüdern im All«. _____ Der Weltraum, unendliche Weiten. Woche um Woche durchkreuzt die »USS Enterprise« die Galaxis, erforscht kosmische Regionen, dringt in Gebiete ein, die noch keines Menschen Fuß betrat. *Star Trek* – in Deutschland *Raumschiff Enterprise* – ist seit der Sendung der ersten Episode am 8. September 1966 die beliebteste SF-Serie aller Zeiten, nicht zuletzt wegen ihrer utopischen Momente: eine geeinte Menschheit, die eingeschworene Crew um Captain Kirk, der Triumph von Vernunft und Menschlichkeit im Universum. *Star Trek* profitierte ohne Zweifel von der Weltall-Euphorie der Apollo-Jahre, zugleich aber lösten sich, vor allem dank des überlichtschnellen Warp-Antriebs, SF und technische Entwicklung, die durch gemeinsame Visionen für kurze Zeit gekoppelt waren. Auf eine grundlegende Weise setzte sich die Beziehung jedoch fort: *space fiction* als Promotor von *space flight*. Die NASA hatte sehr wohl begriffen, dass in Zeiten schwindender Budgets Serien wie *Star Trek* die Raumflugidee im Bewusstsein der Öffentlichkeit wach halten. Sie zollte der Serie und deren Fans ihre Anerkennung, als sie einer Bittschrift mit 100 000 Unterschriften entsprach und das erste Space Shuttle auf den Namen »Enterprise« taufte. Und in *Star Trek – Der Film* (1978) wird wiederum auf die lange Ahnenreihe des Raumschiffs verwiesen und ein Modell des NASA-Raumtransporters gezeigt. _____ Die Apollo-Mission war ein einzigartiger Stunt, geboren aus dem technologischen Wettlauf des Kalten Krieges, eine Prestige-Aktion und zugleich die Erfüllung der Knabenträume der Raumfahrtpioniere – Raumfahrt als Traumfahrt. Wie der Südpol, spekulierte der englische Autor Arthur C. Clarke, sei der Mond dank der vereinten Anstrengungen von Visionären und Machtpolitikern ein halbes Jahrhundert zu früh erreicht worden. Seither scheint in den Augen der Öffentlichkeit, trotz der Space Shuttle, trotz der Raumstation ISS, die Raumfahrt auf der Stelle zu treten. Und ebenso tritt die Raumfahrt-SF auf der Stelle. Noch immer durchstreift die »Enterprise« der nächsten Generation die unendlichen Weiten und ihr Abkömmling, die »USS Voyager«, den Delta-Quadranten. Wenn es etwas Neues gibt, dann das Design der Schiffe. _____ Das Frachtschiff »Nostromo« ist riesig – und ziemlich heruntergekommen. Genauso die Mannschaft. Erhabener Raumflug zu Walzerklängen und heldenhafte Astronauten, das war einmal. Profitgeile Unternehmen fahren die Schiffe auf Verschleiß, und als ein außerirdisches Monster die »Nostromo« befällt, geht es nur noch ums Überleben. *Outer Space* ist out, *Cyberspace* ist in. Abenteuer in virtuellen Realitäten entsprechen dem Zeitgeist der achtziger und neunziger Jahre mehr als Weltraum-Abenteuer. Informationstechnologien prägen nun die Zukunft, an sie binden sich utopische Hoffnungen und antiutopische Befürchtungen. Außer in *Star Trek* und diversen Imitationen hat die Raumfahrt ihren futuristischen Schimmer verloren. Der Film *Alien* (1979) zeigte es überdeutlich: der Kosmos ist eine Wüste, besiedelt allenfalls von gefährlichen Ungeheuern, die blanke Technik der Raumschiffe ist nun verrostet und verschlissen. _____ Dennoch ist heute eine neue Zukunft der Raumfahrt-Dichtung vorstellbar, die keine SF mehr sein wird. Sollten im 21. Jahrhundert nicht nur automatische Sonden und

Roboter das Sonnensystem erschließen, könnte eine neue Art von »Space Fiction« entstehen, eine zu großen Teilen realistische Weltraum-Gegenwartsliteratur. Geschichten von kosmischen Truckern und ihrem monotonen und gefährlichen Job, Thriller von Attentaten auf Raumstationen, Krimis um den perfekten Mord in einer kleinen Kolonie auf Kallisto – und natürlich das übliche Seemannnsgarn der Raumfahrer von gefährlichen Strömungen im Vakuum, verlassenen Schiffen, unfassbaren Wesen, die keiner je wieder gesehen hat. _____ Aber genau dies ist, mag man einwenden, Gegenstand der heutigen wie der gestrigen Weltraum-SF! Richtig. Es existiert allerdings ein Unterschied: Was heute über das Leben im All geschrieben wird, muss trotz besten Bemühens um Wissenschaftlichkeit in den Augen der Späteren unbeholfen wirken. Hellsichtige Vorwegnahmen stehen neben absurd falschen Vermutungen. Doch mitunter machen gerade letztere den Reiz der Science Fiction aus, und deshalb ist auch für eine zweite Art von Weltraum-SF die Prognose gut, nämlich für jene, die sich wie *Star Trek* an die Familienserie anlehnt oder wie *Star Wars* an das Lukiansche Lügenmärchen.

❶ **3/167 Modelle für ›Im Staub der Sterne‹, 1976** *Im Staub der Sterne‹ war der einzige Weltraumfilm der ostdeutschen DEFA-Studios, der die Begegnung mit außerirdischen Wesen schilderte. Man verzichtete auf exotische Aliens und ließ – leider mit einem schwachen Drehbuch – auf beiden Seiten Menschen agieren. Die verwendeten Modelle überzeugen allerdings noch heute.* Filmmuseum, Potsdam

❷ **3/183 Begegnung mit fremden Intelligenzen, Klaus Bürgle** *Die naturalistische Darstellung eines außerirdischen Kontakts erschien im Jahrbuch »Das Neue Universum« von 1965.* Leihgabe des Künstlers

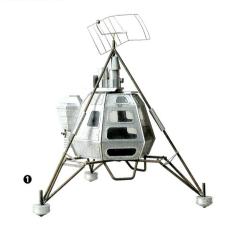

college —— RALF BÜLOW

Etwa ab 1645 trafen sich Mathematiker, Architekten, Philosophen, Juristen und andere Gelehrte in London und Oxford, um naturwissenschaftliche Fragen zu erörtern. Die Gruppe trug den informellen Namen *Invisible College,* und 1660 ging aus ihr die Royal Society hervor, eine der ältesten Wissenschaftsakademien der Welt. —— In der Raumfahrt gibt es heute eine Internationale Akademie der Astronautik und andere etablierte Vereinigungen und an vielen Universitäten ein Fach Raumfahrttechnik. Daneben existiert aber ein *Invisible College,* ein Netzwerk von Wissenschaftlern, Ingenieuren, Schriftstellern, Journalisten und engagierten Amateuren, die in Zeiten knapper Budgets und von Pressekommentaren, die bemannte Raumfahrt als Dinosauriertechnik ansehen, den Flug ins All propagieren. Und es geht hier nicht bloß um Space-Shuttle-Starts, sondern um Expeditionen zum Mond, zum Mars und darüber hinaus. —— Die Videoinstallation »Invisible College« zeigt eine virtuelle Diskussion mit jenen Experten wie mit solchen, die die Liebe zur bemannten Raumfahrt nicht ganz zu teilen vermögen. Dabei fallen nicht nur die Grenzen des Raumes, sondern auch die der Zeit. Fünf der Teilnehmer waren nämlich schon in einem Beitrag der Serie *Auf der Suche nach der Welt von morgen* zu sehen, der am 10. Februar 1966 in der ARD lief. Alle anderen Statements wurden 1999 aufgenommen. —— Dr. Miguel Alcubierre, *Physiker und Warp-Drive-Theoretiker* —— ❶ Dr. Wernher von Braun, *Raketenforscher, Raumfahrt-Autor* —— ❷ Dr. Hans Clamann, *Raumfahrtmediziner* —— ❸ Dr.-Ing. Peter Eckart, *Ingenieurwissenschaftler mit den Schwerpunkten Satellitenbau und Mondstationen* —— ❹ Dr. Krafft A. Ehricke, *Raumfahrtingenieur und -visionär* —— Dr. Fabian Eilingsfeld, *Unternehmensberater, Fachmann für Weltraumtourismus und Raumfahrt-Finanzierung* —— ❺ Daniel Fischer, *Wissenschaftsjournalist* —— ❻ Prof. em. Dr. Heinz-Hermann Koelle, *Raumfahrtwissenschaftler, Systemtheoretiker* —— Prof. Dr. Roger E. Lo, *Chemiker und Triebwerksforscher* —— Prof. Dr. Gerhard Neukum, *Planetologe, Spezialist für Weltraum-Kameras* —— ❼ Rüdiger Proske, *Fernsehjournalist und -produzent, Schriftsteller* —— Dr. Karlheinz Steinmüller, *Science-Fiction-Autor und Zukunftsforscher* —— Dr. Thomas Stinnesbeck, *Mediziner, Triebwerksforscher* —— ❽ Dr. Ernst Stuhlinger, *Physiker, Spezialist für Ionenantrieb*

ES GIBT KEINEN ZWEIFEL, DASS WIR IN DER WISSENSCHAFTLICHEN RAUMFAHRT MIT AUTOMATISCHEN SONDEN FAST ALLES ERREICHEN KÖNNEN UND NUR IN EINIGEN WENIGEN FÄLLEN DIE MENSCHLICHE INTELLIGENZ NOTWENDIG IST. —— ROGER E. LO

❽
❸

IN ZWANZIG, DREISSIG JAHREN WIRD ES EIN MONDLABOR GEBEN, IN FÜNFZIG JAHREN WIRD MAN AUF DEM MARS GEWESEN SEIN, UND FÜR DAS ENDE DES 21. JAHRHUNDERTS SCHÄTZE ICH, DASS WIR ETWA TAUSEND MENSCHEN AUF DEM MOND SEHEN WERDEN UND VIELLEICHT FÜNFZIG AUF DEM MARS. —— HEINZ-HERMANN KOELLE

❷ ❼ ❻
❹

ES KÖNNTE IMMER NOCH MÖGLICH SEIN, SCHNELLER ALS DAS LICHT ZU FLIEGEN, FALLS ES UNS GELINGT, DIE NEGATIVE ENERGIE ZU FINDEN. —— MIGUEL ALCUBIERRE

Fotos: Berliner Festspiele GmbH

→ **Deutschland**

Bamberg
Dr. Remeis-Sternwarte Bamberg
Berlin
Abguss-Sammlung Antiker Plastik Berlin
Bettina Allamoda/Courtesy Galerie Zwinger
Berlin-Brandenburgische Akademie der
Wissenschaften
Jürgen Blunck
Peter Bexte
Bröhan-Museum, Landesmuseum für
Jugendstil, Art Deco und Funktionalismus
(1889–1939), Berlin
Deutsches Historisches Museum
Deutsches Technikmuseum Berlin
Filmbild-Archiv-Zacharias
Geheimes Staatsarchiv Preußischer Kultur-
besitz
Institut für Kristallzüchtung
Institut für Luft- und Raumfahrt, Technische
Universität Berlin
Heinz-Hermann Koelle
Edith und Gerhard Micksch, Weltraumaus-
stellung Berlin
Nachlass Gunther Baumgart
Naturhistorisches Forschungsinstitut,
Museum für Naturkunde, Zentralinstitut der
Humboldt-Universität zu Berlin, Institut für
Mineralogie
Russisches Haus der Wissenschaft und Kultur
Sammlung Ralf Bülow
Anna Franziska Schwarzbach
Staatliche Museen zu Berlin
_ Ägyptisches Museum und Papyrussammlung
_ Antikensammlung
_ Kunstgewerbemuseum
_ Kupferstichkabinett
_ Museum für Islamische Kunst
_ Vorderasiatisches Museum
Staatsbibliothek zu Berlin – Preußischer
Kulturbesitz
_ Abteilung Historische Drucke
_ Benutzungsabteilung
_ Handschriftenabteilung
_ Kartenabteilung
Stiftung Deutsche Kinemathek Berlin:
Rolf Giesen Sammlung
Stiftung Deutsche Kinemathek Berlin:
Ray Harryhausen Collection
Stiftung Deutsche Kinemathek Berlin:
Dauerleihgabe Monika Bauert
Wilhelm-Foerster-Sternwarte e.V.
Bonn
Haus der Geschichte, Bonn
Sternwarte der Universität Bonn
Bückeburg
Hubschraubermuseum Bückeburg
Deggendorf
Erik Theodor Lässig
Dörfles-Esbach b. Coburg
Andreas v. Rétyi, Kunstmaler, Buchautor
Dresden
Lehrsammlung Deutsche Raketentechnik
Mathematisch-Physikalischer Salon,
Staatliche Kunstsammlungen Dresden

Düsseldorf
Art and Space, Ingrid Schmidt-Winkeler
Feucht
Hermann-Oberth-Raumfahrt-Museum e.V.
Frankfurt am Main
Historisches Museum
Fürth
Helmut Lobenwein
Göppingen
Klaus Bürgle
Gotha
Forschungsbibliothek Gotha
Göttingen
Niedersächsische Staats- und Universitäts-
bibliothek Göttingen
Universitäts-Sternwarte Göttingen
Hamburg
Hamburger Sternwarte, Universität Hamburg
Itzehoe
Wenzel-Hablik-Museum Itzehoe
Kiel
Peter Janle, Universität Kiel, Institut für
Geowissenschaften
Universität Kiel, Institut für Geowissen-
schaften, Prof. Dr. Peter Stoffers
Mainz
Max-Planck-Institut für Chemie
Römisch-Germanisches Zentralmuseum,
Forschungsinstitut für Vor- und Frühgeschichte
Mittweida
Raumfahrt Service International
Moers
Ralf Schoofs
Morgenröthe-Rautenkranz
Deutsche Raumfahrtausstellung
Morgenröthe-Rautenkranz e.V.
München
Deutsches Museum
Kayser-Threde GmbH
Münchner Stadtmuseum, Puppentheater-
museum
Osnabrück
Franz-Herbert Heydt
Potsdam
Astrophysikalisches Institut Potsdam,
Bibliothek
Holger Delfs
Filmmuseum Potsdam
Pulsnitz
Sternwarte Pulsnitz
Wiesbaden
Museum Wiesbaden
Karl und Anny Veit

→ **Frankreich**

Boulogne-Billancourt
Malina Family
Paris
Erró

→ **Großbritannien**

London
The President and Council of the Royal
Society

→ **Italien**

Neapel
Museo Nazionale di Capodimonte

→ **Japan**

Kanagawa
Nishimatsu Construction Co. Ltd.,
Technical Research Institute
Tokyo
Kawasaki Heavy Industries, Ltd.
Obayashi Corporation, Technical Research
Institute

→ **Niederlande**

Noordwijk
European Space Agency, European Space
Research and Technology Centre

→ **Polen**

Kraków
Muzeum Narodowe w Krakowie

→ **Schweden**

Stockholm
Prins Eugens Waldemarsudde

→ **Schweiz**

Bern
Physikalisches Institut, Universität Bern
Alfred Stückelberger und Heiner Rohner

→ **USA**

New York
American Primitive Gallery
Port Costa, CA
Clayton G. Bailey
Silver Spring, Md
Jerry Carter
Washington, DC
National Air and Space Museum,
Smithsonian Institution

→ rückblicke in die zukunft

3/1 Spiegelteleskop der Sternwarte der Universität Göttingen, mit 1893 erneuertem Holzrohr
a) Gestell und Rohr b) Spiegel | Slough (England), 1786 | Friedrich Wilhelm Herschel (1738–1822) Spiegeldurchmesser 21,7 cm | L Rohr: 300 cm; Gestell 170 x 40 x 185 cm Universitäts-Sternwarte Göttingen (G.005 bzw. G.039)

3/2 Teleskop zur Bestimmung von Sternpositionen (Heliometer) der Sternwarte der Universität Bonn
München, 1848 | Werkstatt Merz und Mahler, Objektiv von Joseph von Fraunhofer (1787–1826), 250 x 220 x 220 cm | Sternwarte der Universität Bonn

3/3 Erste Schmidt-Kamera mit sphärischem Spiegel und Korrektionsplatte für verzerrungsfreie Astrofotografien
Hamburg-Bergedorf, 1930 | Bernhard Schmidt (1879–1935) | 55 x 207 x 72 cm | Hamburger Sternwarte, Universität Hamburg

3/4 Ansicht des Fünf-Meter-Spiegelteleskops der Palomar-Sternwarte
Unbekannter Künstler nach einer Vorlage von Russel W. Porter (1871–1949) aus dem Jahr 1937 Zeichnung 134 x 116 cm | Dr. Remeis-Sternwarte Bamberg

3/5 Modell im Maßstab 1:4 der ESA-Kometensonde »Rosetta«
1999 | Spannweite 8 m | Noordwijk, European Space Agency, European Space Research and Technology Centre

3/6 1:1-Modell des deutschen Satelliten DIVA (Double Interferometer for Visual Astrometry) für die Positionsmessungen von Fixsternen
Bonn/Neckargemünd, 2000 | Sternwarte der Universität Bonn, Observatorium Hoher List, Berufsbildungswerk Neckargemünd | H 150 cm; Dm 180 cm | Sternwarte der Universität Bonn, Astronomisches Rechen-Institut Heidelberg, Landessternwarte Heidelberg-Königstuhl, Berufsbildungswerk Neckargemünd

3/7 Optisches System des Astronomiesatelliten DIVA mit Antenne und Solarzellen
a) 1:1-Modell der Optik, 80 x 75 x 25 cm
b) Antenne, 3 x 20 x 20 cm c) Solarzellen, je 4 x 6 cm | Daun, 2000 | Sternwarte der Universität Bonn, Observatorium Hoher List | Sternwarte der Universität Bonn, Astronomisches Rechen-Institut Heidelberg, Landessternwarte Heidelberg-Königstuhl, Berufsbildungswerk Neckargemünd

3/8 Originalgroße Kopie des Löwenhoroskop-Reliefs aus Kommagene (Nemrud Dagi/Türkei), 1. Jh. v. Chr.
Gips, 177 x 246 x 60 cm | Abguss-Sammlung Antiker Plastik Berlin

→ ein haus im mond

3/9 Rocket Man
USA, 1985–1995 | Clayton G. Bailey (*1939) Kupfer, Blech, elektrische Ausrüstung, 125 x 175 x 90 cm | Port Costa CA, Clayton G. Bailey

3/10 Ideale Mondlandschaft
1919 | Wilhelm Kranz | Öl auf Leinwand, 151 x 326 cm | München, Deutsches Museum (47582.000)

3/11 Sessel und Hocker »Djinn«
1963/64 | Olivier Morgue | Polystyrol über Metallgerüst und Jersey | Staatliche Museen zu Berlin, Kunstgewerbemuseum (Kat.Nr.129, Dauerleihgabe Julius-Lessing-Gesellschaft)

3/12 Coca-Cola-Spender, der in einem Space Shuttle der NASA mitflog
Boulder (Colorado), BioServe Space Technologies, um 1995 | 60 x 50 x 70 cm | Osnabrück, Franz-Herbert Heydt

3/13 Modell einer amerikanischen Gemini-Raumkapsel für zwei Astronauten
1960er Jahre | Holz, Dm. 58 cm; L 85 cm; H mit Stativ 135 cm | Institut für Luft- und Raumfahrt, Technische Universität Berlin

3/14 Modell der Mondstadt »Escargot City« für das Jahr 2050
Forschungsinstitut der Nishimatsu Construction Co. Ltd., 1990er Jahre | 200 x 137 x 128 cm Kanagawa, Nishimatsu Construction Co. Ltd., Technical Research Institute

3/15 Modell einer Marssiedlung für das Jahr 2057
Forschungsinstitut der Obayashi Corporation, 1990er Jahre | 105 x 100 x 150 cm | Tokyo, Obayashi Corporation, Technical Research Institute

3/16 Terraforming
Moers, 1990er Jahre | Ralf Schoofs (*1964) Acryl auf Spanplatte, 90 x 140 cm | Moers, Ralf Schoofs

3/17 Karussellfigur eines NASA-Astronauten
Fa. Schwarzkopf | 1971 | Polyester, 182 x 109 x 70 cm | Münchner Stadtmuseum, Puppentheatermuseum (86/350, 2)

3/18 Brennkammer des Triebwerks S 2.1 aus der zweiten Stufe der sowjetischen Flugabwehrrakete W-750 »Dwina«
UdSSR, OKB-2, Ministerium für Bewaffnung der UdSSR, um 1957 | 85 x 50 x 50 cm | Dresden, Lehrsammlung Deutsche Raketentechnik

3/19 Modelle für den Film ›Die gefrorenen Blitze‹ (DDR 1967)
a) V2-Rakete b) Startgerüst für eine V2-Rakete um 1967 | Christoph Schneider, Günter Kriewitz, DEFA-Werkstätten H 70 cm, Dm 18 cm (Rakete) Filmmuseum Potsdam (16/1998/RQ)

3/20 Modellrakete aus dem Film ›Abbott und Costello Go To Mars‹ (USA 1953)
Universal Studios, Miniature Department (Charles Baker), um 1953 | Holz, Silberbronze, 159 x 52 x 28 cm | Stiftung Deutsche Kinemathek Berlin: Rolf Giesen Sammlung (406 / Repositur 4.10–85/19 D, Standort 70, Halle 27)

3/21 Ansicht einer Großrakete, erschienen in der Illustrierten ›Collier's‹ vom 22. März 1952
Rolf Klep nach Wernher von Braun (1912–1977) Öl auf Karton, 73 x 59 cm | Washington, National Air and Space Museum, Smithsonian Institution

3/22 ›Collier's‹-Hefte mit Folgen der Raumflug-Serie
a) Heft vom 18. Oktober 1952 zum Thema Mondflug b) Heft vom 30. April 1954 über die Reise zum Mars | 34,5 x 26,7 cm | Mittweida, Raumfahrt Service International

3/23 Marslandschaft von Chesley Bonestell (1888–1986) in: ›Die Erforschung des Mars‹ (Frankfurt 1957)
Willy Ley, Wernher von Braun | 27 x 40 cm (aufgeschlagen) | Berlin, Sammlung Ralf Bülow

3/24 Ansicht der Rakete aus dem Film ›Endstation Mond‹ (USA 1951)
1950er Jahre | Erik Theodor Lässig | Tempera auf Karton, 24,5 x 21,5 cm | Deggendorf, Erik Theodor Lässig

3/25 Wernher von Braun (1912–1977) auf dem Cover des SPIEGEL vom 28. Dezember 1955
31,5 x 22,5 cm | Berlin, Sammlung Ralf Bülow

3/26 Grafiken zu Raumfahrt-Trickfilmen der Disney-Studios:
a) Pilot in Rakete b) Astronauten im All 1950er Jahre | Deckfarben auf Papier, 30 x 40 cm Münchner Stadtmuseum, Puppentheatermuseum (94/201,2, 94/201,3)

3/27 Grafiken zu Raumfahrt-Trickfilmen der Disney-Studios
a) Raumstation im Bau b) Außerirdische Landschaft | 1950er Jahre | Deckfarben auf Papier, 30 x 40 cm Münchner Stadtmuseum, Puppentheatermuseum (94/201,4, 94/201,5)

3/28 Modell der atomgetriebenen Passagierrakete »Moonliner« (1955 im »Tomorrowland«-Bereich von »Disneyland« aufgestellt)
USA, um 1955 | H ca. 30 cm | Berlin, Wilhelm-Foerster-Sternwarte e.V.

3/29 Nachdrucke der Hefte 1, 8 und 9 (1959) der Comic-Serie ›Nick‹
Abi Melzer Productions, 1976 | Farbdruck-Comic-Hefte, 24,5 x 16 cm | Berlin, Sammlung Ralf Bülow

3/30 ›Pabel Utopia Magazin‹ Nr. 23 mit
stromlinienförmigen Raumschiffen
Februar 1959 | Erich Pabel Verlag, Rastatt
21,5 x 14 cm | Berlin, Sammlung Ralf Bülow

3/31 Titelblatt des ›Journal of the British
Interplanetary Society‹ mit dem Entwurf einer
Mondrakete für drei Astronauten
British Interplanetary Society, Januar 1939
Foto, 29,3 x 18 cm | Berliner Festspiele GmbH
(1984/210)

3/32 Darstellung der Landestufe der Mondrakete der British Interplanetary Society
a) Das Raumschiff vor der Landung b) Die ersten
Schritte auf dem Mond | um 1950 | Erik Theodor
Lässig nach Ralph A. Smith (1905–1959) | Tem-
pera auf Karton, 21 x 27 cm | Deggendorf, Erik
Theodor Lässig

3/33 Modell eines Mondautos nach dem
Entwurf von Hermann Oberth (1894–1989)
nach 1959 | H 95 cm; Dm 55 cm | Feucht,
Hermann-Oberth-Raumfahrt-Museum e.V.

3/34 Blick ins Innere eines Mondautos nach
dem Entwurf von Hermann Oberth
nach 1959 | Erik Theodor Lässig | Tempera auf
Karton, 21 x 31,5 cm | Deggendorf, Erik Theodor
Lässig

3/35 Die Eroberung des Mondes, aus:
›Das Neue Universum‹ (Band 73)
1956 | Klaus Bürgle | Offsetdruck auf Papier,
32 x 42,5 cm | Göppingen, Klaus Bürgle

3/36 Zeichnung zu einer Filmszene
aus ›2001 – Odyssee im Weltraum‹ (1968)
USA, um 1968 | Robert T. McCall (*1919)
Vierfarbdruck (LP-Hülle), 31 x 31 cm | Berlin,
Sammlung Ralf Bülow

3/37 Bau einer Raumstation
1949 | Klaus Bürgle | Tusche (Aquarell) auf
Papier, 28,5 x 38 cm | Göppingen, Klaus Bürgle

3/38 Darstellung einer ringförmigen Raumstation von Fred Freeman, in: Cornelius Ryan
(Hrsg.), ›Station im Weltraum‹
Frankfurt 1953 | 28 x 42 cm (aufgeschlagenes
Buch) | Berlin, Peter Bexte

3/39 Raumstation nach Wernher von Braun,
Version 2
nach 1953 | Erik Theodor Lässig nach Chesley
Bonestell (1888–1986) | Tempera auf Karton,
45 x 34,5 cm | Deggendorf, Erik Theodor Lässig

3/40 Raumstation nach Wernher von Braun
mit der Oberstufe des Junkers-Raumtrans-
porters nach Eugen Sänger (1905–1964)
1960er Jahre | Erik Theodor Lässig | Tempera
auf Karton, 73 x 102 cm | Deggendorf, Erik
Theodor Lässig

3/41 Modell im Maßstab 1:100 des Junkers-
Raumtransporters »RT-8-01«
Berlin, 1960er Jahre | Kunststoff, 15 x 42 x 17 cm
Institut für Luft- und Raumfahrt, Technische
Universität Berlin

3/42 Bastelbogen-Modell einer Ring-Raum-
station nach sowjetischen Entwürfen
1970er Jahre | Gerhard Micksch | Aluminiumfolie,
H 37 cm, Dm 25 cm | Edith und Gerhard Micksch,
Weltraumausstellung Berlin

3/43 Baukasten-Modell einer zylindrischen
Raumstation nach amerikanischen Entwürfen
1960er Jahre | Gerhard Micksch | Kunststoff,
H 44 cm, Dm 12 cm | Edith und Gerhard Micksch,
Weltraumausstellung Berlin

3/44 Postkarte mit Raumstation-Motiv
1960er Jahre | 10,5 x 14,5 cm | Edith und Gerhard
Micksch, Weltraumausstellung Berlin

3/45 Aushangfoto zum Science-Fiction-Film
›2001 – Odyssee im Weltraum‹ (1968) mit
»Djinn«-Sitzgruppen in einer Raumstation
Metro-Goldwyn-Mayer Inc., um 1968 | kolorierte
Farbfotografie, 23 x 29 cm | Berlin, Filmbild-
Archiv-Zacharias

3/46 Sowjetischer Raumanzug »Sokol« für
Kosmonauten des Interkosmos-Programms
1970er Jahre | ca. 170 x 55 x 50 cm | Mittweida,
Raumfahrt Service International

3/47 Der 12. April 1961
UdSSR, 1975 | Boris A. Smertin | Mischtechnik,
73 x 54 cm | Berlin, Sammlung Ralf Bülow

3/48 Tischzier »Kosmosdenkmal«
Gruppe der sowjetischen Streitkräfte in Deutsch-
land, um 1962 | Messing, Marmor, Edelstahl,
Kunststoff, 64 x 37 x 53 cm | Berlin, Deutsches
Historisches Museum (SI 77/60 / MfDG)

3/49 Nachruf auf den Raketenforscher Sergei
P. Koroljow (1907–1966) aus der Prawda
vom 16. Januar 1966
Fotokopie, 42 x 30 cm | Berliner Festspiele GmbH

3/50 Statuette von Sergej P. Koroljow
UdSSR, nach 1966 | Zinkguss, H 26 cm | Edith und
Gerhard Micksch, Weltraumausstellung Berlin

3/51 Modelle des Satelliten »Sputnik 1« und
der dazugehörigen Trägerrakete R-7
1997 | Gerhard Micksch | H 38 cm | Edith und
Gerhard Micksch, Weltraumausstellung Berlin

3/52 Bastelbogen-Modell der 1959 gestarte-
ten sowjetischen Mondsonde »Lunik 3«
1970er Jahre | Gerhard Micksch | Aluminiumfolie,
Metall, H 22 cm | Edith und Gerhard Micksch,
Weltraumausstellung Berlin

3/53 Modell der 1966 auf dem Mond
gelandeten sowjetischen Sonde »Luna 9«
1976 | Wolfgang Reschke | Metall, verchromt,
24 x 30 x 30 cm | Edith und Gerhard Micksch,
Weltraumausstellung Berlin

3/54 Fotografien, die »Luna 9« nach der
Mondlandung aufnahm
UdSSR, 4. und 5. Februar 1966 | Album mit
Fotografien-Leporello, 14 x 90 x 2,4 cm
(ausgeklappt) | Berlin, Deutsches Historisches
Museum (SI 90/64.1 / MfDG)

3/55 Tischzier »Mondkapsel Luna-16«
mit dem Modell der Rückkehrstufe der
sowjetischen Sonde, die im September 1970
100 Gramm Mondstaub zur Erde brachte
UdSSR, nach 1970 | Metall, Kunststoff, 29 x 15 x
9 cm | Berlin, Deutsches Historisches Museum
(SI 90/1300 / MfDG)

3/56 Mondstaub von »Luna 16«
Mond, Mare Foecunditatis | 3 x 5 cm (Objekt-
träger) | Naturhistorisches Forschungsinstitut,
Museum für Naturkunde, Zentralinstitut der
Humboldt-Universität zu Berlin, Institut für
Mineralogie (Luna 16, Präp. 4)

3/57 Modell »Lunochod-1« des im
November 1970 gelandeten automatischen
UdSSR-Mondautos
UdSSR, 1970 | 22 x 34 x 54 cm | Berlin, Deutsches
Historisches Museum (SI 90/409 / MfDG)

3/58 Modell der sowjetischen Raumkapsel
»Wostok 1«, mit der Juri Gagarin 1961
die Erde umkreiste
UdSSR, um 1962 | Titan, 40 x 30 x 20 cm | Silver
Spring, Md, Jerry Carter

3/59 Ein an Bord des russischen Satelliten
»Foton 11« gezüchteter ZnSe-Einkristall
Berlin, Arbeitsgruppe II-VI-Halbleiter, Institut
für Kristallzüchtung, Oktober 1997 | Zinkselenid
(ZnSe), Dm 1,2 cm; H 0,2 cm | Berlin, Institut
für Kristallzüchtung

3/60 Handschuh eines russischen Raumanzugs vom Typ »Orlan«
1980er Jahre | 25 x 15 x 15 cm | Mittweida,
Raumfahrt Service International

3/61 Fragment eines Triebwerks einer sowjetischen N-1-Superrakete, die am 27. Juli 1971
nach dem Start in Baikonur explodierte
Kuibyschew (heute: Samara) | 26 x 32 cm
Mittweida, Raumfahrt Service International

3/62 Modell einer amerikanischen
»Surveyor«-Mondsonde im Maßstab 1:10
1960er Jahre | Kunststoff, 36 x 42 x 30 cm
Institut für Luft- und Raumfahrt, Technische
Universität Berlin

3/63 »Ham« (aus der »Série Spacial –
Hommage à Robert McCall«)
1975 | Erró (geb. 1932 Olafsvik, Island) | Öl auf
Leinwand, 100 x 65 cm | Paris, Erró

3/64 Modell der NASA-Mondlandefähre LEM
(Lunar Excursion Module)
Grumman Aerospace Comp., Bethseda, 1960er
Jahre | Kunststoff, H 20 cm; Dm Grundplatte
27 cm | Mittweida, Raumfahrt Service Interna-
tional

3/65 Serie von sieben Postkarten mit
Motiven aus dem Apollo-Programm der USA
1960er Jahre | 10,5 x 14,5 cm | Edith und Gerhard
Micksch, Weltraumausstellung Berlin

3/66 Erklärendes Poster der ›hobby explo-
rama‹-Serie über das Apollo-Raumschiff und
die LEM-Mondlandefähre
EHAPA Verlag Stuttgart, um 1970 | Papier auf
Holz aufgezogen, 80 x 60 cm | Berlin, Sammlung
Ralf Bülow

3/67 Wimpel aus dem Mondgepäck des Apollo-
Astronauten Charles M. Duke (Landung am
20. April 1972 bei Apollo 16)
20 x 20 cm | Deutsche Raumfahrtausstellung
Morgenröthe-Rautenkranz e.V.

3/68 Stab für die Aluminiumfolie des Sonnen-
wind-Experiments auf dem Mond bei Apollo 14
(Landung 5. Februar 1971)
Bern, um 1970 | Johannes Geiss | Aluminium,
L 35 cm | Physikalisches Institut, Universität Bern

3/69 Abdruck des Raumanzug-Schuhs
des vorläufig letzten Mondbesuchers Eugene
Cernan (Landung 11. Dezember 1972)
1998 | Tasillo Römisch, Alan Bean | Gips,
7 x 50 x 34 cm | Mittweida, Raumfahrt Service
International

3/70 Modell einer Großrakete »Neptun« nach
dem Konzept von Heinz-Hermann Koelle
Berlin, um 1970 | Kunststoff, Holz, 58 x 60 x 45 cm
Institut für Luft- und Raumfahrt, Technische
Universität Berlin

3/71 Mond-Raumstation LUO-SOC mit Mond-
landefähre LUBUS und »Neptune«-Raketen-
stufe nach Heinz-Hermann Koelle
Deggendorf, 1998 | Erik Theodor Lässig | Tempera
auf Karton, 73 x 102 cm | Berliner Festspiele
GmbH

3/72 Rißzeichnung der Mond-Raumstation LUO-SOC mit angekuppelter Mondfähre LUBUS
Deggendorf, 1998 | Erik Theodor Lässig | s/w-Fotoabzug, 30 x 45 cm | Berliner Festspiele GmbH

3/73 Modell einer durch Atomexplosionen angetriebenen Rakete nach dem Konzept der Firma General Atomics (»Projekt Orion«)
Berlin, 1960er Jahre | Kunststoff, 47 x 16 x 23 cm
Institut für Luft- und Raumfahrt, Technische Universität Berlin

3/74 Modell einer Rakete für eine bemannte Expedition zum Mars nach einem amerikanischen Konzept von 1965
1960er Jahre | Kunststoff, 200 x 34 x 34 cm
Institut für Luft- und Raumfahrt, Technische Universität Berlin

3/75 Forschungssonde über einem Marsmond
1950er Jahre | Erik Theodor Lässig | Tempera auf Karton, 21 x 25,5 cm | Deggendorf, Erik Theodor Lässig

3/76 Blick in ein bemanntes Marsraumschiff
1950er Jahre | Erik Theodor Lässig | Tempera auf Karton, 21 x 27 cm | Deggendorf, Erik Theodor Lässig

3/77 Der nächste Schritt zu fremden Himmelskörpern, aus: ›Das Neue Universum‹ (Band 87)
1970 | Klaus Bürgle | Offsetdruck auf Papier, 29,5 x 41 cm | Göppingen, Klaus Bürgle

3/78 Space ... the new frontier
National Aeronautics and Space Administration, Washington, D.C., 1963 | Druckschrift, 20,5 x 26,5 cm | Berlin, Heinz-Hermann Koelle

3/79 Investing in Space – The Challenge for Europe
Noordwijk, 1999 | European Space Agency (ESA), Long-Term Space Policy Committee | Druckschrift, 21 x 29,5 cm | Berliner Festspiele GmbH

3/80 Darstellung einer Mondstadt
Gelsenkirchen, um 1965 | Ralf Bülow (*1953)
Aquarell mit Bleistift-Linien, 30 x 40 cm | Berlin, Sammlung Ralf Bülow

3/81 Farbkasten mit Raketenmotiv
England, 1960er Jahre | Metall, 16 x 24 x 0,5 cm
Berlin, Sammlung Ralf Bülow

3/82 Weltraum-Spielzeugroboter
Japan, um 1970 | Blech, Kunststoff, 27 x 16 x 10 cm
Berlin, Sammlung Ralf Bülow

3/83 Spielzeugpistole »Space Jet« mit Geräuschgenerator
Japan, 1960er Jahre | Blech, Kunststoff, 12 x 24 x 5 cm | Berlin, Sammlung Ralf Bülow

3/84 Unternehmen Stardust (Reprint des ersten ›Perry Rhodan‹-Hefts vom 8. September 1961)
1988 | Karl-Herbert Scheer (1928–1991) | Romanheft, 22,5 x 15 cm | Berlin, Sammlung Ralf Bülow

3/85 Ziolkowski weist den Weg (Mosaik, Heft 45)
August 1960 | Hannes Hegen (d.i. Johannes Hegenbarth) | Vierfarb-Comic-Heft, 24 x 16 cm
Berlin, Sammlung Ralf Bülow

3/86 Weltraumspiel »Apollo«
Nürnberg, Gebr. Einfalt GmbH (Technofix), 1975
Kunststoff, Metall, 9,5 x 30 x 59 cm | Bonn, Haus der Geschichte (91/1/317)

3/87 Fliegende Untertasse »Apollo«
Bundesrepublik Deutschland, Fa. Blomer & Schüler, 1960er Jahre | Blech, H 7 cm; Dm. 10 cm
Bonn, Haus der Geschichte (94/07/0055)

3/88 Spielzeugauto »Moon Detector«
Japan, Yonezawa Toys Co. Ltd., 1960er Jahre
Metall, Kunststoff, 16 x 26 x 19 cm | Bonn, Haus der Geschichte (94/07/0056)

3/89 Kugelförmiges Weltraum-Auto mit durchsichtiger Kuppel
Japan, 1970er Jahre | Metall, Kunststoff, 9,5 x 9,1 x 10,2 cm | Bonn, Haus der Geschichte (94/07/0058)

3/90 Weltraumspielzeug »Space Guard Pilot« mit Astronaut an einer Strahlenkanone
Japan, 1970er Jahre | Metall, Kunststoff, 16 x 10,5 x 20,8 cm | Bonn, Haus der Geschichte (94/07/0054)

3/91 Raumfahrtspielzeug »Gemini X-5« mit schwebendem Astronauten
Japan, 1960er Jahre | Metall, Kunststoff, 18 x 23 x 11,5 cm | Bonn, Haus der Geschichte (94/03/0478)

→ deep space

3/92 Modell des Erdsatellitenkonzepts MOUSE nach S. Fred Singer
Stuttgart, Deutsches Raketen- und Raumfahrtmuseum, 1950er Jahre | L 70 cm; Dm 27,5 cm
München, Deutsches Museum (Depotplatz 20/34)

3/93 Modell des ersten Erdsatelliten »Sputnik 1«
Russland, nach 1957 | Dm 58 cm; Antennenlänge 240 und 290 cm | Berlin, Russisches Haus der Wissenschaft und Kultur

3/94 Ingenieurmodell des Satelliten HEOS A-2 im Maßstab 1:1
München, Junkers Flugzeug- und Motorenwerke GmbH, um 1970 | 200 x 100 x 125 cm | Noordwijk, European Space Agency, European Space Research and Technology Centre

3/95 Ingenieurmodell des Satelliten »TEMISAT« im Maßstab 1:1
München, 1993 | 45 x 45 x 45 cm | München, Kayser-Threde GmbH

3/96 Abwurfmodell der ESA-Raumsonde »Huygens« im Maßstab 1:1
Fokker Space B.V., nach 1990 | H 50 cm; Dm 120 cm | Noordwijk, European Space Agency, European Space Research and Technology Centre

3/97 Modell der Passagierrakete »Kankoh-Maru« nach dem Entwurf der Japanese Rocket Society
Japan, Kawasaki Heavy Industries, Aerospace Group, nach 1990 | H 120 cm; Dm 90 cm | Tokyo, Kawasaki Heavy Industries, Ltd.

3/98 Höhenforschungsrakete »Skua«
England, zwischen 1960 und 1970 | Bristol Aerojet Ltd. | L 224 cm; Dm (ohne Schwanzflossen) 12,7 cm | Deutsches Technikmuseum Berlin

→ heimat milchstraße

3/99 Vinternatt (Winternacht)
1907 | Karl Nordström (1855–1923) | Öl auf Leinwand, 128 x 173 cm | Stockholm, Prins Eugens Waldemarsudde, (W 589)

3/100 Sternenhimmel, Versuch
1909 | Wenzel Hablik (1881–1934) | Öl auf Leinwand, 200 x 200 cm (204 x 203 cm mit Rahmen)
Wenzel-Hablik-Museum Itzehoe (WH ÖL 194)

3/101 Nebula VI
Boulogne sur Seine, 1974 | Frank J. Malina (1912–1981) | Glas, Metall, elektrische Ausrüstung, 100 x 200 cm | Malina Family

3/102 Flucht nach Ägypten, nach dem Gemälde von Adam Elsheimer (1578–1610)
Utrecht, 1613 | Hendrick Goudt (1582–1648)
Kupferstich, 36,1 x 40,9 cm (Bl.) | Staatliche Museen zu Berlin, Kupferstichkabinett (14–1894)

3/103 Astronom Kopernik czyli rozmowa z Bogiem (Astronom Copernicus, oder das Gespräch mit Gott)
1871 | Jan Matejko (1838–1893) | Öl auf Leinwand, 41,5 x 52,5 cm | Krakau, Muzeum Narodowe w Krakowie (MNK IX/243)

3/104 Demotische Sternentafel aus der Zeit von Kaiser Augustus
Ägypten, zwischen 17 v. Chr. und 10 n. Chr
Papyrus, 27 x 30 cm, zwischen verkl. Glasplatten 30 x 36 cm | Staatliche Museen zu Berlin, Ägyptisches Museum und Papyrussammlung (P. 8279 F)

3/105 Bruchstück eines astronomisch-astrologischen Kalenders
Uruk, 3. bis 1. Jh. v. Chr. (Seleukidenzeit)
Ton, 9,5 x 17 cm | Staatliche Museen zu Berlin, Vorderasiatisches Museum (VAT 7847)

3/106 Ringförmige Darstellung von zehn der zwölf Tierkreiszeichen
Römische Kaiserzeit | Thasischer Marmor, H (inkl. Fuß) 28,4 cm; Dm (Ring) 22,5 cm; T 7 cm
Staatliche Museen zu Berlin, Antikensammlung (SK 1050)

3/107 Standartenzeichen der 22. Legion »Primigenia Pia Fidelis« in Form des Sternzeichens Capricorn (Steinbock)
3. Jh. n. Chr. | Bronze, 16,5 x 12,8 x 3,4 cm
Museum Wiesbaden, Sammlung Nassauischer Altertümer (6778)

3/108 Fragment eines als Gefäß gearbeiteten Himmelsglobus mit Sternbildern
Römische Kaiserzeit | Blaugrauer Marmor (Grigio), 12 x 30 x 1 cm | Staatliche Museen zu Berlin, Antikensammlung (SK 1050)

3/109 Galvanoplastische Rekonstruktion eines hellenistischen Himmelsglobus aus dem späten 2. Jh. n. Chr.
Deutschland, 1990er Jahre | Messing, Dm 11 cm
Mainz, Römisch-Germanisches Zentralmuseum, Forschungsinstitut für Vor- und Frühgeschichte (zu 0.41339)

3/110 Rekonstruktion des Astrolabs des alexandrinischen Astronomen Ptolemaios, wie in seinem Werk ›Almagest‹ beschrieben
Bern, um 1997 | Alfred Stückelberger, Heiner Rohner | Sperrholz, farbig gefaßt, H 55 cm, Dm 35 cm | Bern, Alfred Stückelberger und Heiner Rohner

3/111 Geozentrische Armillarsphäre
Frankreich, um 1800 | Holz, Pappe, H 52 cm, Dm 33,5 cm | Mathematisch-Physikalischer Salon, Staatliche Kunstsammlungen Dresden (E II 41)

3/112 Lüsterschale mit freier Darstellung des Sternbildes Cygnus (Schwan)
Samarra/Irak, Mitte des 9. Jahrhundert
Fayence mit Lüsterbemalung, H 8,5 cm; Dm 26,7 cm | Staatliche Museen zu Berlin, Museum für Islamische Kunst (Sam. 1102)

3/113 Planisphärisches Astrolab
Maschhad/Iran, spätes 17. Jahrhundert
Muhammad Zaman al-Mashadi | Messing, graviert und geschnitten, Dm 26,3 cm; L 36 cm
Staatliche Museen zu Berlin, Museum für Islamische Kunst (I. 6919)

3/114 Arabischer Himmelsglobus mit Sternbildern in der Tradition von Ptolemaios und Abd ar-Rahman al-Sufi
Syrien oder Ägypten, 1225 n. Chr. | Qaisar ibn Abu al-Qasim ibn Musafir al-ʿAsrafi al Hanafi
Bronze, Kupfer, Silber, Dm. 22,1, H 35 cm
Neapel, Museo Nazionale di Capodimonte (1137 / Collezione Borgia)

3/115 Darstellung des Sternbilds Andromeda mit dem Andromedanebel, in: ›Imagines Stellarum‹ (Sternenkatalog des Abd ar-Rahman as-Sufi)
Norditalien, 1428 | Pergamenthandschrift, 22 x 33 cm (geöffnet) | Forschungsbibliothek Gotha (Memb. II 141)

3/116 Darstellung des Sternbilds Andromeda mit dem Andromedanebel (Fol 17v), in: Ptolemäus, ›Catalogus fixarum stellarum‹ (Sternenkatalog des Abd ar-Rahman as-Sufi)
Norditalien, 14. Jahrhundert | Schule von Murano
Pergamenthandschrift, 37,7 x 47 cm (geöffnet)
Staatliche Museen zu Berlin, Kupferstichkabinett (78 D 12)

3/117 Karten des Sternenhimmels in stereographischer Projektion
a) Imagines coeli Septentrionalis cum duodecim imaginibus zodiaci (Nördliches Blatt) **b)** Imagines coeli Meridionalis (Südliches Blatt) | 1515
Albrecht Dürer (1471–1528), Conrad Heinfogel, Johannes Stabius | Holzschnitte, koloriert; 43 x 43 cm Niedersächsische Staats- und Universitätsbibliothek Göttingen (2° Astron. II, 325/2 Rara – nördl. Blatt; 325/1 Rara – südl. Blatt)

3/118 Darstellung der Sphäre des Planeten Mars, in: ›Astronomicum Caesareum‹
Ingolstadt, 1540 | Peter Apian (1495–1552)
Kolorierter Holzschnitt, 46 x 64 cm (aufgeschlagen) | Staatsbibliothek zu Berlin – Preußischer Kulturbesitz (2° Oi 831 R)

3/119 Darstellung des Sternbild Cygnus, in: ›Uranometria‹
Ulm 1661 | Johannes Bayer (1572–1625) | Buch, ca. 30 x 40 cm (aufgeschlagen) | Astrophysikalisches Institut Potsdam, Bibliothek (Schatzkammer B)

3/120 Astronomisch-geographisches Universalinstrument mit doppelter scheibenförmiger Sternkarte
München, 1599 | Tobias Volckmer | Messing, vergoldet; 36,8 x 19,2 x 19,2 cm | Frankfurt am Main, Historisches Museum (HMF 1719)

3/121 Einblattdruck mit Bild des großen Kometen von 1577 über einer Stadt
Nürnberg, 1577 | Georg Mack d. Ä. | Kolorierter Holzschnitt, 37,5 x 27 cm (Blatt) | Staatliche Museen zu Berlin, Kupferstichkabinett (413-8 [KDA 134])

3/122 Einblattdruck mit Bild des Kometen von 1580 über Nürnberg
Nürnberg 1580 | Hans Mack | Kolorierter Holzschnitt, 37,5 x 27 cm (Blatt) | Staatliche Museen zu Berlin, Kupferstichkabinett (414-8 [KDA 134])

3/123 Vier zeitgenössische Einblattdrucke zum Kometen Kirch von 1680/81
a) unbekannter Künstler, 21,1 x 31,7 cm **b)** Jacob Koppmeir, Augsburg, 25,2 x 17 cm **c)** J. J. de Sandtart, vermutlich Nürnberg , 29,4 x 34,6 cm
d) unbekannter Künstler, vermutlich Nürnberg, 37,1 x 26,4 cm | Sternwarte Pulsnitz

3/124 Vielzweck-Tischuhr mit Indikationsscheiben zum Stand der Planeten
Augsburg, um 1580 | Bronze, feuervergoldet, Silber emailliert, Messing, Eisen; H. 39 x 20 x 20 cm (ohne Bodenplatte) | Berlin, Deutsches Historisches Museum (1989/2188)

3/125 Himmelsglobus mit Eintragung der Supernova von 1572; im Stativ kleiner Mondglobus
Amsterdam, 1603 | Willem Janszoon Blaeu (1571–1638) | Holz, Messing, Pappe, H 75 cm, Dm 35 cm | Universitäts-Sternwarte Göttingen (WI 23, G.009)

3/126 Einblattdruck zur Supernova 1572 mit Text und kleiner Himmelskarte
Straßburg, 1573 | Bernhard Jobin | Holzschnitt, 40 x 45 cm (Unterlage) | Staatsbibliothek zu Berlin – Preußischer Kulturbesitz (YA 957m [4])

3/127 Ältestes erhaltenes Spiegelteleskop
Cambridge, um 1671 | Isaac Newton (1643–1727), John Wickins | H 27,5 cm; L 25 cm | London, The President and the Council of The Royal Society

3/128 Zwei Darstellungen der Bahn des Kometen vom März/April 1742 mit Sternbildern und Armillarsphäre
Augsburg, 1742 | Matthäus Seuter | Kolorierter Kupferstich, 57 x 48 cm | Staatsbibliothek zu Berlin – Preußischer Kulturbesitz (in: 2° Kart. B 554)

3/129 Das Sternbild Centaurus, in: ›Firmamentum Sobiescianum sive Uranographia‹
Danzig, 1690 | Johannes Hevelius (1611–1687)
Kupferstich, 45 x 50 cm (aufgeschlagen)
Staatsbibliothek zu Berlin – Preußischer Kulturbesitz (2° Oi 2691 / EBD 127 1/10)

3/130 Karte des Südsternhimmels, in: ›Nuovo Atlante Geografico Universale‹ (Vol. 1)
Rom, 1792 | Giovanni Maria Cassini (um 1745–1830) | Kupperstich, 50 x 50 cm (aufgeschlagen)
Staatsbibliothek zu Berlin – Preußischer Kulturbesitz (2° Kart. B 783)

3/131 Karte des Südsternhimmels, in: ›Atlas Celeste de Flamsteed‹
Paris, 1795 | John Flamsteed (1646–1719)
Kupferstich, 36 x 26 cm (aufgeschlagen) | Staatsbibliothek zu Berlin – Preußischer Kulturbesitz (4° Kart 10639-29)

3/132 Tischplanetarium mit den Planeten bis Uranus aus dem Besitz des Astronomen Friedrich Wilhelm Herschel (1738–1822)
London, um 1800 | William und Samuel Jones
H 15 cm; Dm ca. 45 cm | Mathematisch-Physikalischer Salon, Staatliche Kunstsammlungen Dresden, (E II 43)

3/133 Bild der Milchstraße (Tafel II), in: ›Über den Bau des Himmels‹
Königsberg, 1791 | Friedrich Wilhelm Herschel (1738–1822) | Kupferstich, 20 x 40 cm (aufgeschlagen und entfaltet) | Staatsbibliothek zu Berlin – Preußischer Kulturbesitz (Ol 15304ª)

3/134 Sternenkarten mit Milchstraße (Nr. 10), in: ›Neuester Himmels-Atlas‹
Weimar, 1799 | Christian F. Goldbach | Kupferstich, 26 x 62 cm (aufgeschlagen) | Staatsbibliothek zu Berlin – Preußischer Kulturbesitz (4° Kart A 285 18a und b)

3/135 Notizen zu beobachteten Positionen des Fixsterns 61 Cygni
Königsberg, 1816 | Friedrich Wilhelm Bessel (1784–1846) | Tinte auf Papier, 35 x 21 cm
Berlin-Brandenburgische Akademie der Wissenschaften (NL Bessel, Nr. 26)

3/136 Notiz zur Bestimmung der Distanz von 61 Cygni durch Bessel (S. 785ff.), in: ›Comptes Rendus Hebdomadaires des séances de l'Academié des Sciences, II‹ (Tome 7)
Paris, 1838 | Académie des Sciences | Buch, 25 x 40 cm (aufgeschlagen) | Astrophysikalisches Institut Potsdam, Bibliothek (Akad. Paris)

3/137 Lithografiestein für den Druck der »Bonner Durchmusterung« des nördlichen Fixsternhimmels, die 1852–1859 unter Leitung von F.W.A. Argelander stattfand
1880er Jahre | Kalksteinplatte, 60 x 50 x 8 cm
Sternwarte der Universität Bonn

3/138 Kupferne Druckplatte für das Blatt »Hora 21« der akademischen Sternkarten
Berlin, um 1844 | Königliche Akademie der Wissenschaften | Kupfer, 51 x 31 cm | Berlin-Brandenburgische Akademie der Wissenschaften (II-VII-9, Std. 21)

3/139 Akademische Sternkarte »Hora 21« mit handschriftlichen Notizen des Astronomen J. G. Galle (1812–1910) zur Entdeckung des Neptuns 1846
Berlin, 1844 | Carl Bremiker (1804–1877)
Kupferstich mit handschriftlichen Eintragungen, 51 x 31 cm | Astrophysikalisches Institut Potsdam, Bibliothek

3/140 Zwei Farbfotografien, die gemeinsam das Zentrum des Milchstraße abbilden
Südafrika, um 1998 | Axel Mellinger | Fotografie, je 30 x 20 cm | Berlin, Sammlung Ralf Bülow

3/141 Darstellung der Milchstraße, in: ›Popular Astronomy‹ (S. 481)
London, 1878 | Simon Newcomb (1835–1909) Buch, 22 x 30 cm (aufgeschlagen) | Astrophysikalisches Institut Potsdam, Bibliothek (47–81)

3/142 Darstellung von kosmischen Nebeln und Galaxien (Tafel XXXV, XXXVI), in: ›Atlas des gestirnten Himmels‹
Stuttgart, 1839 | Joseph Johann von Littrow (1781–1840) | Lithographie, 23 x 40 cm (aufgeschlagen) | Staatsbibliothek zu Berlin – Preußischer Kulturbesitz (8° Kart A 620)

3/143 Darstellung von Sternenwolken und Galaxien (S. 2/3), in: ›Du und das Weltall. Ein Weltbild‹
Leipzig, 1920 | Bruno H. Bürgel (1875–1948) 19 x 27 cm (aufgeschlagen) | Berlin, Sammlung Ralf Bülow

3/144 Darstellung der ineinandergeschachtelten kosmischen Sphären (69 v), in: ›De sphaera‹
15. Jahrhundert | Johannes de Sacrobosco (John of Holywood, vor 1200–1264) | Pergament, 25 x 40 cm (aufgeschlagen) | Staatsbibliothek zu Berlin – Preußischer Kulturbesitz (Ms. lat. quart. 517)

3/145 Darstellung des heliozentrischen Systems, in: ›De revolutionibus orbium caelestium‹
Nürnberg, 1543 | Nicolaus Copernicus (1473–1543) Buch, 26 x 36 cm (aufgeschlagen und entfaltet) Astrophysikalisches Institut Potsdam, Bibliothek (Schatzkammer C)

3/146 Zwei Briefe von Nicolaus Copernicus an Herzog Albrecht von Brandenburg (1490–1568)
a) Schreiben vom 15. Juni 1541 b) Schreiben vom 21. Juni 1541 | Tinte auf Papier, ca. 30 x 21 cm Berlin, Geheimes Staatsarchiv, PK (XX.HA StA Königsberg HBA C1, Kasten 466, Nr. 768 bzw. Nr. 773)

3/147 Ausführungen zur Ellipsenform der Marsbahn (Kap. 59), in: ›Astronomia Nova‹
1609 | Johannes Kepler (1571–1630) | Astrophysikalisches Institut Potsdam, Bibliothek (Schatzkammer K)

3/148 Brief von Johannes Kepler an Albrecht von Wallenstein vom 10. 2. 1629
Tinte auf Papier, 32 x 20,5 cm | Staatsbibliothek zu Berlin – Preußischer Kulturbesitz (Slg. Darmst. F 2c 1630 (1) Johannes Kepler Blatt 4)

3/149 Darstellung des kopernikanischen Weltsystems, in: ›Harmonia macrocosmica‹
Amsterdam 1708 | Andreas Cellarius (1656–1702) Kupferstich, koloriert, 52 x 62 cm (aufgeschlagen) Staatsbibliothek zu Berlin – Preußischer Kulturbesitz (2° Kart. A 180)

3/150 Darstellung des Sonnensystems zwischen den Fixsternen im All (S. 26/27), in: ›Experimenta Nova Magdeburgica de Vacuo Spatio‹
Amsterdam, 1672 | Otto von Guericke (1602–1686) Buch, 32 x 38 cm (aufgefaltete Tafel) | Astrophysikalisches Institut Potsdam, Bibliothek (Schatzkammer G)

→ weltenrätsel

3/151 Albert Einstein
1998 | Anna Franziska Schwarzbach (*1949) Gipsguß, H 220 mit Sockel | Berlin, Anna Franziska Schwarzbach

3/152 Zwölf Tuffstein-Blöcke
1990er Jahre | Charles Wilp | ca. 50 x 30 x 30 cm Düsseldorf, Art and Space, Ingrid Schmidt-Winkeler

3/153 Eisen-Mangan-Krustenstück vom Grund des Südpazifiks mit Fe-60-Isotopen, die auf eine Supernova zurückgehen
10 x 5 cm | Universität Kiel, Institut für Geowissenschaften, Prof. Dr. Peter Stoffers

3/154 Bruchstücke von Meteoriten
a) Fragment des ursprünglich vom Mars stammenden Zagami-Meteoriten b) Fragment des Murchison-Meteoriten c) Scheibe aus dem Allende-Meteoriten | Mainz, Max-Planck-Institut für Chemie

3/155 Einzelstück des Allende-Meteoriten
ca. 6 x 5 cm | Mainz, Max-Planck-Institut für Chemie

3/156 Unbearbeitetes Bruchstück des Zagami-Meteoriten
2,3 x 1,4 x 0,8 cm | Peter Janle, Universität Kiel, Institut für Geowissenschaften

3/157 Bruchstücke von Meteoriten
a) Fragment des Kapoeta-Meteoriten b) Fragment des Allende-Meteoriten | Naturhistorisches Forschungsinstitut, Museum für Naturkunde, Zentralinstitut der Humboldt-Universität zu Berlin, Institut für Mineralogie (2154 bzw. 1996)

3/158 Tiefengestein aus der Erdkruste, das demjenigen der Mondkruste ähnelt
a) zwei Stücke Gabbro-Gestein aus Schriesheim (Odenwald) bzw. Neuroda (Schlesien) | jeweils 11 x 9 x 6 cm b) zwei Stücke Anorthosit-Gestein aus Island bzw. der Ukraine | 13 x 10 x 7 cm (Island) bzw. 14 x 12 x 7 cm (Ukraine) | Naturhistorisches Forschungsinstitut, Museum für Naturkunde, Zentralinstitut der Humboldt-Universität zu Berlin, Institut für Mineralogie (402/1 bzw. 399/14)

3/159 Abzug eines von einem Schmidt-Teleskop mit Objektivprismenplatte aufgenommenen Fotos mit Spektren von Sternen und Quasaren
Calar Alto/Südspanien, 1990er Jahre | Fotografie, 40 x 40 cm | Hamburger Sternwarte, Universität Hamburg

3/160 Drei Fotografien der totalen Sonnenfinsternis vom 29. Mai 1919
Arthur Eddington (1882–1944), Royal Astronomical Society | Fotografie, neuer Abzug, je 20 x 25,5 cm | Berliner Festspiele GmbH

3/161 Fotografien der Dunkelwolke B 68 in verschiedenen Wellenlängen
a) Aufnahme im sichtbaren Licht b) Aufnahmen im sichtbaren und infraroten Licht | Paranal und La Silla/Chile, 1999 | European Southern Observatory | Fotografie, je 29,7 x 21 cm | Berliner Festspiele GmbH

3/162 Drei Himmelsaufnahmen des Palomar Observatory Sky Survey
a) Milchstraßen-Zentrum mit »Baades Fenster« b) Andromedanebel c) 61 Cygni und Umgebung, mit Auflageblatt zur Bezeichnung der Sterne Palomar Observatory, Kalifornien, 1950er Jahre Fotopapier, negativ belichtet, je 40 x 50 cm Berlin, Wilhelm-Foerster-Sternwarte e.V.

3/163 Foto des Andromedanebel mit einem Cepheiden-Fixstern, der eine Entfernungsschätzung ermöglichte
Mount Wilson Observatory (Kalifornien), 1923 Edwin Hubble (1889–1953) | Reproduktion, 25,5 x 20,3 cm | Berliner Festspiele GmbH

3/164 Resultate des ESA-Astronomiesatelliten »Hipparcos«
a) Sechs CD-ROMs mit digitalen Messdaten b) Sternenliste (S.482/483) in: ›The Hipparcos and Tycho Catalogues‹, Vol. 1 | Noordwijk 1997 European Space Agency, Publication Division CD-ROMs, Dm. 12 cm bzw. Buch, 30 x 44 cm (aufgeschlagen) | Berliner Festspiele GmbH

→ im staub der sterne

3/165 Modell des 1958 erbauten und 1974 demontierten 36-m-Radioteleskops des Heinrich-Hertz-Instituts in Berlin-Adlershof
Dm 72 cm; T ca. 40 cm | Berlin-Brandenburgische Akademie der Wissenschaften, Akademiearchiv (K/G–0013)

3/166 Die Tränen der Ariane
1996/97 | Charles Wilp | Metall, Kunststoff, ca. 1,5 x 1,5 x 1,5 m | Düsseldorf, Art and Space, Ingrid Schmidt-Winkeler

3/167 Modelle für den Film ›Im Staub der Sterne‹ (DDR 1976)
a) interstellares Raumschiff, H 140 cm, Dm 45 cm
b) Landefähre, 80 x 70 x 70 cm | Potsdam-Babelsberg, um 1976 | Gerhard Helwig, Peter Zakrzewski, Hans-J. Schwarz, DEFA-Werkstätten Filmmuseum Potsdam (17/1998/RQ)

3/168 Aushangfoto zum DEFA-Film ›Raumschiff Venus antwortet nicht‹ (Originaltitel: ›Der schweigende Stern‹) von 1959
Potsdam-Babelsberg, um 1959 | Fotografie, handkoloriert, 24 x 30 cm | Berlin, Filmbild-Archiv-Zacharias

3/169 Alien-Marionette für den Spielfilm ›Die Besucher‹ (1989)
USA, um 1989 | Latexschaum, Acryl; 150 x 50 x 30 cm (mit Platte) | Stiftung Deutsche Kinemathek Berlin: Rolf Giesen Sammlung (301 / Repositur 4.10-85/19 D, Standort 23)

3/170 Ohren von »Mr. Spock«
1970er Jahre | Silikon-Abgüsse, 10 x 6 x 2 cm | Stiftung Deutsche Kinemathek Berlin: Rolf Giesen Sammlung (126/Repositur 4.10-85/19 D, Standort 43)

3/171 Ausstattung des Außerirdischen für den Film ›Enemy Mine‹ (1985)
a) Brustpanzer, 50 x 60 cm **b)** ein Paar Stiefel, je 40 x 40 x 10 cm **c)** ein Paar Handschuhe, je 50 x 10 cm | um 1985 | Monika Bauert, N. Chayen | Stiftung Deutsche Kinemathek Berlin: Dauerleihgabe Monika Bauert (TX 60026, 60027, 60030 / Schachtelnummer 203)

3/172 Mondwesen für den Film ›Die erste Fahrt zum Mond‹ (1964)
England, um 1964 | Stiftung Deutsche Kinemathek Berlin: Ray Harryhausen Collection

3/173 Flugscheiben-Modelle für den Film ›Fliegende Untertassen greifen an‹ (1956)
USA, um 1956 | Ray und Fred Harryhausen | Stiftung Deutsche Kinemathek Berlin: Ray Harryhausen Collection

3/174 Übersichtskarte des Mars nach Giovanni V. Schiaparelli (1835 – 1910), in: ›Himmel und Erde‹, 1. Jahrgang, Heft 1
Berlin, 1888 | Geogr. lith. Inst. u. Steindr. v. W. Greve | Farblithographie, 17 x 25 cm | Staatsbibliothek zu Berlin – Preußischer Kulturbesitz (4° Lc 7910-1)

3/175 Carte générale de la planète Mars (1:30 000 000)
Paris 1901 | Camille Flammarion (Hrsg.) | Farblithographie, 76,5 x 112 cm | Staatsbibliothek zu Berlin – Preußischer Kulturbesitz (Kart. A 1776)

3/176 Seasonal Changes (Darstellung der jahreszeitlichen Änderungen auf dem Mars), in: ›Annals of the Lowell Observatory‹, Vol. 1, pl. 4
Boston und New York, 1898 | Percival Lowell (1855 – 1916) | Lichtdruck, 30 x 60 (aufgeschlagen) | Astrophysikalisches Institut Potsdam, Bibliothek (Stw. Flagstaff)

3/177 Marsglobus mit Benennungen nach Camille Flammarion (1842 – 1925)
Paris, 1890er Jahre | Eugène Michael Antoniadi (1870 – 1944) | H 40 cm, Dm 20 cm | Berlin, Wilhelm-Foerster-Sternwarte e.V.

3/178 Kurd Laßwitz mit Kollegen des Gymnasiums Ernestinum Gotha, um 1900
Schwarzweiß-Fotografie, neuer Abzug, 30 x 40 cm Berliner Festspiele GmbH

3/179 ›Auf zwei Planeten‹ (2. Band), Verlag von Emil Felber, Weimar 1898
Kurd Laßwitz (1848 – 1910) | Aufzuschlagen: S.376/377, »Martierinnen in Berlin« 18 x 24 cm (aufgeschlagen) | Staatsbibliothek zu Berlin – Preußischer Kulturbesitz (1930.771)

3/180 Mondschaf, nach dem Gedicht von Christian Morgenstern (1871 – 1914)
Neuausformung 1981 unter Benutzung der Form von 1926 | Ludwig Gies (1887 – 1966) Porzellan, H 33, B 40 cm | Berlin, Bröhan-Museum (Kat.-Nr. 234 / Berliner Porzellan, Slg. Bröhan Bd. III, 1985 Nr. 25)

3/181 Barlowe's Guide to Extraterrestrials, Great Aliens from Science Fiction Literature
Wayne Douglas Barlowe, Ian Summers, Beth Meacham | Workman Publishing, New York 1987 aufzuschlagen: Falttafel nach S. 65 | gedr. Buch, Vierfarbdruck, 25,5 x 52,5 cm (ausgefaltet) Berlin, Sammlung Ralf Bülow

3/182 Extraterrestrials, A Field Guide for Earthlings
Terence Dickinson, Adolf Schaller | Camden House Publishing, Camden East (Kanada) 1994 aufzuschlagen: S. 38/39 | gedr. Buch, Vierfarbdruck, 27,5 x 46 cm (aufgeschlagen) | Berlin, Sammlung Ralf Bülow

3/183 Begegnung mit fremden Intelligenzen, aus: ›Das Neue Universum‹ (Band 82)
1965 | Klaus Bürgle | Offsetdruck auf Papier, 32,5 x 41,5 cm | Göppingen, Klaus Bürgle

3/184 »A Fanciful Preview to New Facts« in: LIFE vom 24.9.1956
Boris Artzybasheff (1899 – 1965) | Illustrierte Zeitschrift, 36 x 53 cm (aufgeschlagen) | Berlin, Dr. Jürgen Blunck

3/185 Zwei Fotografien eines UFOs über McMinnville (Oregon), 11. Mai 1950
Paul Trent, Rudolf Henke (Repro) | Fotografie/Reproduktion, je 12,5 x 17,7 cm | Berliner Festspiele GmbH

3/186 Aushangfoto zum Film ›Fliegende Untertassen greifen an‹ (1956)
Columbia-Pictures, um 1956 | Fotografie, 23 x 29,5 cm | Berlin, Sammlung Ralf Bülow

3/187 Flying Saucers from Outer Space
Permabooks, Garden City (New York), 1954 Donald E. Keyhoe (1897 – 1988) | gedr. Buch, 18 x 10,5 cm | Berlin, Sammlung Ralf Bülow

3/188 Zwei IFOs über Wiesbaden-Schierstein
Wiesbaden, 1956 | Karl Veit (*1907) | Öl auf Leinwand, 80 x 100 cm | Wiesbaden, Karl und Anny Veit

3/189 Robot Teapot
USA, 1979 – 1996 | Clayton G. Bailey (*1939) glasiertes Porzellan, H. 20 cm, B 35 cm Port Costa CA, Clayton G. Bailey

3/190 Modell eines scheibenförmigen Raumschiffs
Potsdam, 1999 | Holger Delfs | Kunststoff, H 30 cm; Dm 70 cm | Potsdam, Holger Delfs

3/191 Modell der fiktiven »Flugmaschine« des Propheten Hesekiel nach dem Entwurf von Joseph K. Blumrich (1972)
Deutschland, 1996 | H 23 cm, D 25 cm | Hubschraubermuseum Bückeburg

3/192 Entwürfe für die Umschläge von UFO-Büchern
a) Kontakt, 60 x 50 cm **b)** Entführung 40 x 30 cm | 1990er Jahre | Andreas von Rétyi (*1963) | Acryl auf Zeichenkarton | Dörfles-Esbach b. Coburg, Andreas von Rétyi, Kunstmaler, Buchautor

3/193 ohne Titel
1996 | Helmut Lobenwein (*1965) | Eitempera auf Leinwand, 105 x 200 cm | Fürth, Helmut Lobenwein

3/194 Drei UFO-Skulpturen
a) UFO Model, H 15 cm, Dm 22,5 cm
b) UFO Model with Hand, 22,5 x 20 x 17,5 cm
c) UFO Model, H 12,5 cm, Dm 20 cm
1992/93 | Ionel Talpazan (*1955) | Gips, Mischtechnik | New York, American Primitive Gallery (IT 180, IT 179, IT 181)

3/195 UFO Diagram, 3/16/96
1996 | Ionel Talpazan (*1955) | Buntstift und Mischtechnik auf Papier, 62,5 x 125 cm New York, American Primitive Gallery (IT 19)

3/196 UFO Art & Science
um 1996 | Ionel Talpazan (*1955) | Buntstift und Mischtechnik auf Papier, 62,5 x 150 cm New York, American Primitive Gallery

3/197 Drei Zeichnungen aus der Serie »UFO Art & Science«
a) 2/2/1999 **b)** 2/19/1999 **c)** 2/20/1999
1999 | Ionel Talpazan (*1955) | Buntstifte, Textmarker, Tusche auf Papier, je 30 x 45 cm New York, American Primitive Gallery

3/198 Alien V
1998 | Bettina Allamoda (*1964) | Gips mit Latexüberzug, Metallstativ, Audio-Equipment, H 60 cm, Dm 30 cm | Berlin, Bettina Allamoda/ Courtesy Galerie Zwinger

3/199 Alien Football
1988 | Bettina Allamoda (*1964) | Aluminiumguss, 32 x 37 x 28 cm | Berlin, Bettina Allamoda/ Courtesy Galerie Zwinger

3/200 Fünf Alien-Skulpturen:
a) Alien Handle, 34 x 13 x 16 cm **b)** Alien Handle Head, 36 x 13 x 18 cm **c)** Alien Standing, 24,5 x 14 x 12 cm **d)** Alien Stand, 17 x 9 x 8 cm **e)** Alien Walk, 21 x 11 x 10 cm | 1990er Jahre | Bettina Allamoda (*1964) | Aluminiumguss | Berlin, Bettina Allamoda/Courtesy Galerie Zwinger

3/201 Project Daedalus, The Final Report on the BIS Starship Study
British Interplanetary Society, London 1978 aufgeschlagen: S. 96/97 | Broschüre mit handschriftlichen Notizen, 30 x 21 cm | Berlin, Nachlass Gunther Baumgart

3/202 Notizen und Skizzen zum Antrieb des Raumschiffs »Centaurus«
Berlin 1978 | Gunther Baumgart (1945 – 1999) Tinte auf Papier, 56 x 81 cm | Berlin, Nachlass Gunther Baumgart

3/203 Skizzen zum Raumschiff »Centaurus« auf 62 aufgeklebten Kneipenzetteln und der Papierunterlage
Berlin, 1980 | Gunther Baumgart (1945 – 1999) Tinte auf Papier, 62 x 88 cm | Berlin, Nachlass Gunther Baumgart

3/204 Pläne zum Raumschiff »Centaurus«
Berlin, 1979 | Gunther Baumgart (1945 – 1999) Tusche auf Zeichenpapier, B 66 cm, L 120 – 210 cm Berlin, Nachlass Gunther Baumgart

3/205 Zeichnungen zum Flug des Raumschiffs »Centaurus«
a) Zweistufiges Raumschiff **b)** Raumschiffbug **c)** Zubringerdeck **d)** Exkursion mit Landeapparat **e)** Weltraumspaziergang | Berlin, 1979/80 Gunther Baumgart (1945 – 1999) | Bleistift auf Papier, je 62 x 88 cm | Berlin, Nachlass Gunther Baumgart

126

3/206 Zeichnung einer Orangerie im Raum-schiff »Centaurus«
Berlin, 1979 | Gunther Baumgart (1945–1999)
Bleistift auf Papier, 62 x 88 cm | Berlin, Nachlass
Gunther Baumgart

3/207 Zeichnungen zur »Raumstation Euphemia«
1980 | Gunther Baumgart (1945–1999) | Tusche
auf Zeichenpapier, 66 x 100–230 cm | Berlin,
Nachlass Gunther Baumgart

3/208 Zeichnungen einer urweltlichen Land-schaft auf einem Planeten von 70 Ophiuchi A
Berlin, 1984 | Gunther Baumgart (1945–1999)
Tinte auf grobem Papier, je 29,5 x 41 cm | Berlin,
Nachlass Gunther Baumgart

3/209 Darstellungen von extrasolaren Planeten und Monden
Berlin, 1988 | Gunther Baumgart (1945–1999)
sw-Laserkopien, 30 x 42 bzw. 42 x 30 cm | Berlin,
Nachlass Gunther Baumgart

3/210 Pläne der »Ringwelt«-Raumschiffe
Berlin, um 1990 | Gunther Baumgart (1945–1999
Berlin) | sw-Normal- oder Laserkopien, je 30 x
42 cm | Berlin, Nachlass Gunther Baumgart

3/211 Encyclopedia vectionis interstellaris hominum
1993 | Gunther Baumgart (1945–1999) | Vier
Bände gebundene Laserkopien von Handzeich-
nungen und handgeschriebenen Texten, je 30 x
42 x 2 cm | Berlin, Nachlass Gunther Baumgart

3/212 »Ringwelt«-Samttuch mit mechanisch eingestickten Ring- und Sternsymbolen
Berlin, um 1993 | Gunther Baumgart (1945–1999)
Samt, Stickgarne, 26,5 x 37,5 cm | Berlin, Nach-
lass Gunther Baumgart

3/213 Collage von Zeitungsartikeln und Anzeigen über bzw. von Gunther Baumgart
Berlin, um 1995 | Gunther Baumgart (1945–1999)
sw-Laserkopie, 30 x 42 cm | Berlin, Nachlass
Gunther Baumgart

3/214 Kosmographie der Solarglobule
1996–1998 | Gunther Baumgart (1945–1999)
Farbige Laserkopien, 30 x 42 cm | Berlin, Nach-
lass Gunther Baumgart

3/215 Tau Ceti Mission Miozaen – Weltenbuch der Geonauten (unvollendete Grafikserie)
1999 | Gunther Baumgart (1945–1999) | Farbiger
Tintenstift auf Zeichenpapier, je 21 x 29,7 cm
Berlin, Sammlung Ralf Bülow

3/216 Himmelsatlas – Tabulae caelestes
1960, 8. Auflage des 1886 von R. Schurig und
P. Götz erstellten Sternenatlas, mit Randbemer-
kungen von Gunther Baumgart; aufgeschlagen:
Tafel V | gedr. Buch, 30 x 42 cm (aufgeschlagen)
Berlin, Sammlung Ralf Bülow

3/217 Little Green Man
1953 | Frank Kelly Freas (geb. 1922) | Textildruck
auf T-Shirt, 26 x 19 cm (Bild) | Berlin, Sammlung
Ralf Bülow

→ **ein haus im mond**

Begehbares Modell eines Mondhauses
Hans-Jürgen Schmitt, Berlin (Entwurf)

→ **deep space**

Modell »Space Hotel Berlin«
Ingenieurbüro Dr. Reichert, Köln (Entwurf);
Monath + Menzel GmbH (Realisierung)

→ **heimat milchstraße**

Großdias der Milchstraßenstruktur
Dr. Susanne Hüttemeister, Bonn (Daten);
Edmund Janssen, München (Grafik)

Computerinstallation »3D-Mars«
Monika Kuschel, Deutsches Zentrum für
Luft- und Raumfahrt, Institut für Weltraum-
sensorik und Planetenerkundung, Berlin
(Bilddaten)

Computerinstallation »Planetensuche«
Christoph Kulmann, Bremen (Programmierung
und Grafik)

Computerinstallation »Warp Drive«
Daniel Weiskopf, Universität Tübingen, Institut
für Astronomie und Astrophysik, Abtl. Theoretische Astrophysik (Programmierung und Grafik)

Computerinstallation »Sturz ins Schwarze Loch« (Black Holes and Beyond)
Michael Petra, Chicago (Programmierung);
Copyright 1998 the Adler Planetarium & Astro-
nomy Museum, Chicago

→ **Peter Creola**

European Space Agency, Long-Term Space
Policy Committee: *Investing in Space:
The Challenge for Europe* | Noordwijk 1999

→ **Einführungtext »Ein Haus im Mond«**

Koelle, Heinz-Hermann *NEPTUNE 2015
– A Workhorse for Cis-Lunar and Planetary
Space Projects* | (ILR Mitt. 309), Berlin 1996

→ **Peter Eckart**

Eckart, Peter *The Lunar Base Handbook*
New York 2000

→ **Werner Küstenmacher**

Küstenmacher, Werner *Reisen zum Mond*
Unterfischach 1997

→ **Fabian Eilingsfeld**

Ashford, David | Collins, Patrick *Your Space-
flight Manual: How You Could Be a Tourist in
Space within Twenty Years* | London 1990

→ **Thomas Stinnesbeck**

Easterbrook, Gregg »Big Dumb Rockets«,
in: *Newsweek* | 17. August 1987

London, John R. *LEO on the Cheap: Methods
for Achieving Drastic Reductions in Space
Launch Costs* | Maxwell AFB (Alabama) 1994

→ **Andreas Eckart**

Eckart, Andreas | Genzel, Reinhard »Erster
schlüssiger Beweis für ein massives schwarzes
Loch?«, in: *Physikalische Blätter*, 54. Jahrgang
(1998), Heft 1, S. 25–30

Townes, Charles H. | Genzel, Reinhard:
»Das Zentrum der Galaxis«, in: *Spektrum der
Wissenschaft, Digest: Astrophysik* | Heidelberg
1996, S. 84–94

→ **Bruno Leibundgut**

Livio, Mario »Cosmic Explosions in an
Accelerating Universe«, in: *Science*, Vol. 286
(26. November 1999), S. 1689/1690

»Revolution in der Kosmologie« (mehrere Artikel), in: *Spektrum der Wissenschaft*, März 1999

→ **Karlheinz Steinmüller**

Steinmüller, Karlheinz *Gestaltbare Zukünfte: Zukunftsforschung und Science Fiction*
(WerkstattBericht 13 des Sekretariats
für Zukunftsforschung), Gelsenkirchen 1995

BODO-MICHAEL BAUMUNK

geb. 1952, Ausstellungsleitung u.a. von »Berlin, Berlin« (1987), »Darwin und Darwinismus« (Dresden 1994), Gestaltung der Dauerausstellung der Franckeschen Stiftungen (Halle 1995). Freier Ausstellungsorganisator.

RALF BÜLOW

geb. 1953, studierte Informatik, Mathematik und Philosophie in Bonn. Nach der Promotion 1980 arbeitete er unter anderem als Wissenschaftshistoriker im Deutschen Museum (München) und als Technikjournalist. Neben Raumfahrt, Astronomie und Science Fiction interessieren ihn vor allem die Geschichte des Computers und die neuen Medientechnologien.

PETER CREOLA

geb. 1940, erwarb 1967 an der Universität Zürich den Dr. jur.; 1968 trat er ins Department für auswärtige Angelegenheiten ein und bekleidete führende Positionen in der schweizerischen und europäischen Raumfahrtpolitik. Zur Zeit leitet er in Bern das Büro für Weltraumangelegenheiten sowie die ESA-Delegation seines Landes. Von 1994 bis 1996 war er Präsident der Europäischen Südsternwarte ESO.

ANDREAS ECKART

geb. 1957, studierte Physik, Astronomie und Mathematik in Münster, wo er 1984 promovierte. Nach Forschungen in Bonn sowie in Tuscon/Arizona arbeitete er ab 1986 in der Submillimeter-Infrarot-Gruppe des Max-Planck-Instituts für extraterrestrische Physik in Garching. Seit Januar 2000 ist er Professor für Physik an der Universität zu Köln.

PETER ECKART

geb. 1966, Dr.-Ing. für Raumfahrttechnik. Nach dem Studium an der TU München wurde er 1996 dort Assistent. Er ist außerdem Gastdozent der International Space University in Straßburg, Autor bzw. Co-Autor mehrerer astronautischer Fachbücher und Projektmanager für den europäischen Mondsatelliten LunarSat.

FABIAN EILINGSFELD

geb.1963, studierte an der TU Berlin Luft- und Raumfahrttechnik und promoviert in diesem Fach. In den neunziger Jahren arbeitete er in der Industrie, seit 1999 ist er Unternehmensberater in Berlin. Darüber hinaus betreibt er Forschungen und Consulting zur kommerziellen Raumfahrt und zum Weltraumtourismus.

DANIEL FISCHER

geb. 1964, studierte Astronomie und Physik, lebt in Königswinter und ist seit 18 Jahren im Weltraum-Journalismus aktiv. 1985 startete er das Infoblatt *Skyweek*, 1996 den Internetdienst *Cosmic Mirror*, daneben entstanden sieben Bücher und eine CD-ROM. Er organisiert astronomische Konferenzen und Fahrten in alle Welt, speziell zu Sonnenfinsternissen.

SUSANNE HÜTTEMEISTER

geb. 1963, promovierte nach dem Studium der Astronomie und Physik 1993 in Bonn über galaktische Molekülwolken. An Sternwarten in Deutschland, Spanien, den USA und Chile erforschte sie die interstellaren Materie und die Galaxie M 51. Sie ist Assistentin am Institut für Radioastronomie der Universität Bonn und hat dort auch einen Lehrauftrag.

WERNER KÜSTENMACHER

geb. 1953, ist ausgebildeter Theologe (evang.) und Kommunikationswissenschaftler. Von 1981 bis 1991 war er im Privatfernsehen tätig, 1991 machte er sich als Autor und Karikaturist selbständig. Er publizierte über sechzig Kinder-, Cartoon- und Sachbücher, vor allem über Kirche und Computer, und einen Mond-Reiseführer.

BRUNO LEIBUNDGUT

geb. 1960, studierte in seiner Heimatstadt Basel Theoretische Physik und Astronomie bis zum Doktorexamen. Nach Forschungsaufenthalten an der Harvard-Universität und in Berkeley/Kalifornien kam er 1993 zur ESO. Im Hauptquartier in Garching betreut er das Archiv des Very Large Telescope VLT.

CLAUS MADSEN

geb. 1951, ist gebürtiger Kopenhagener. Nach dem Studium der Fotografie arbeitete er im Schifffahrtsmuseum Esbjerg und als Industriefotograf, ehe er 1980 zur ESO-Zentrale stieß. In der Abteilung Öffentlichkeitsarbeit ist er unter anderem für Medien und Ausstellungen zuständig.

GERHARD NEUKUM

geb. 1944, ist ein Pionier der Mond- und Planetenforschung. Er promovierte 1971 in Heidelberg und arbeitete am Max-Planck-Institut für Kernphysik und an der Universität München; seit 1981 ist er am Deutschen Zentrum für Luft- und Raumfahrt (DLR) tätig. Neukum ist Co-Direktor des Instituts für Weltraumsensorik und Planetenerkundung in Berlin sowie Professor an der Freien Universität. 1996 wurde ein Asteroid auf seinen Namen getauft.

RICHARD SEABRA

geb. 1964, stammt aus Washington D.C., wuchs jedoch in Brasilia auf. 1987 erwarb er an der Parsons School of Design in New York den Bachelor-Grad für Kommunikationsdesign, gegenwärtig studiert er an der Design-Akademie im holländischen Eindhoven. Seit 1989 nimmt er an Kunstausstellungen teil, seit 1992 arbeitet er auch als Videoproduzent und Bühnenbildner im Ballett- und Theaterbereich.

KARLHEINZ STEINMÜLLER

geb. 1950, erhielt an der Humboldt-Universität das Physik-Diplom und promovierte 1977 zum Doktor der Philosophie; seit 1982 ist er freier Schriftsteller in Berlin. Gemeinsam mit seiner Frau Angela verfasste er viele Science-Fiction-Stories, mehrere Romane und eine Darwin-Biografie. In jüngster Zeit beschäftigte er sich außerdem mit Zukunftsforschung

THOMAS STINNESBECK

geb. 1957, ist Doktor der Medizin. Nach drei Jahren Assistenzarzt-Tätigkeit wechselte er 1985 in die EDV; 1997 wurde er Marketingchef eines Klinikkonzerns. 1996 gründete er die Forschungsgruppe Alternative Raumfahrtsysteme, die sich um einen preisgünstigen Raketenantrieb bemüht. Er hält mehrere Patente und lebt in Hümmerich/Rheinland.

CHARLES WILP

geb. 1932, besuchte die Kunstakademie »Grande Chaumière« in Paris und die Akademie für Publizistik Aachen. In den sechziger und siebziger Jahren schuf er legendäre Werbekampagnen und Fotoserien, z.B. von Joseph Beuys; 1972 stellte er auf der documenta V aus. Nach dem 1985 eines seiner Werke im Satelliten TDF 1 ins All startete, strebt er als »Artronaut« eine Synthese von Kunst und Raumfahrt an, durch kreatives Schaffen in der Schwerelosigkeit – an Bord von speziellen Flugzeugen – oder auch durch Einsatz von Raumfahrt-Materialien. Charles Wilp lebt in Düsseldorf-Kaiserwerth.

→ **Abbildungen Umschlag**

Vorderseite außen:
Erik Theodor Lässig, »**Stufentrennung Thor-Ophos**« (© E. T. Lässig, Deggendorf) | **Römischer Himmelsglobus, Rekonstruktion** (Römisch-Germanischen Zentralmuseum Mainz), siehe Kat.Nr. 3/109 | Jan Matejko, **Nikolaus Kopernikus im Observatorium, 1871,** Ausschnitt (Museum der Jagiellonischen Universität, Collegium Maius, Krakau), siehe auch Kat.Nr. 3/103.
Vorderseite innen:
Außerirdischer, Filmstill aus »Enemy Mine«, 1985 (©Twentieth Century Fox) siehe Kat.Nr. 3/171 | **Karussellfigur eines NASA-Astronauten** (Münchner Stadtmuseum), siehe Kat.Nr. 3/17.
Rückseite innen:
Der Südpol des Mondes aufgenommen von der Raumsonde »Clementine« (Deutsches Zentrum für Luft- und Raumfahrt, Berlin, © Lunar and Planetary Institute Houston) | **Planzeichnung der Mond-Raumstation LUO-SOC** von Erik Theodor Lässig, 1998 siehe Kat.Nr. 3/72, mit Ausschnittabbildung des thermischen Lichtbogentriebwerks HIPARC (Institut für Raumfahrtsysteme, Technische Universität Stuttgart).
Rückseite außen:
Jan Matejko, **Nikolaus Kopernikus im Observatorium, 1871** (Museum der Jagiellonischen Universität, Collegium Maius, Krakau), siehe auch Kat.Nr. 3/103.

→ **Abbildungen Innenseiten**

Berliner Festspiele: Fotos: Roman März, Berlin: 8, 17/2, 17/3, 20/1, 32/1, 33/3, 36/1, 36/2, 38, 40/2, 40/3, 42/1, 44, 46/1, 46/2, 49/4, 58/1, 63/1, 64/2, 88/1, 96/2, 98/1, 103/1, 103/2, 104-105 (alle), 109/3, 110/1-3, 114/1; Foto: R. Bülow: 20/2; Fotos E. Endruweit: 116-117
Art and Space, Düsseldorf: 10-11, 12/1, 12/2, 13/3, 13/4, 52/1, 96/1
ESA – ESTEC, Paris – Noordwijk: 14/1 (Foto Fokker Space B.V.), 15/2, 16/1, 24/1, 25/2, 28/1.
Dornier Satellitensysteme GmbH, Friedrichshafen: 18.
Rheinisches Bildarchiv Köln: 21/3.
Fotostudio Wilder, F. Lemburg, Göttingen: 21/4, 76/1.
Royal Society London (By permission of the President and Council of the Royal Society): 21/5.
Kayser-Threde GmbH München: 23.
European Southern Observatory (ESO), Garching: 27/1, 27/2, 28/1, 82/2, 83/5, 90-91.
Deutsches Zentrum für Luft- und Raumfahrt e.V. (DLR): 28/2, 82/1, 100.
E. T. Lässig, Deggendorf: 29/3, 29/6, 54/1, 111/4.
R. Schoofs, Moers: 29/4.

Deutsches Museum München ©: 29/5.
Münchner Stadtmuseum: 29/7, 30-31/2, 34/1, 49/3.
National Air and Space Museum (Archives Divison), Washington: 30/1.
Nishimatsu Construction Co. Ltd., Kanagawa: 31/3.
K. Bürgle, Göppingen: 32/2, 51/1, 51/2, 56, 99/3, 115/2.
Haus der Geschichte, Bonn ©: 35/2, 48/1, 48/2.
Ullstein Bilderdienst, Berlin ©: 37.
Raumfahrt Service International, Mittweida: 40/1, 41/5.
Physikalisches Institut, Universität Bern: 41/4.
Deutsches Historisches Museum, Berlin, © DHM: 42/2, 74/2.
Erró, Paris ©: 53.
Institut für Raumfahrtsysteme, Technische Universität Stuttgart: 55.
Obayashi Corp., Tokyo: 58/2.
Bristol Spaceplanes Ltd.: 60/1.
Kawasaki Heavy Industries, Tokyo: 60/2.
www.alltra.de: 61.
Marjorie Malina, Boulogne: 63/2; 72 (Foto: M. Beck-Coppola, Vanves).
T. Stinnesbeck, Hümmerich: 63/3.
Lehrsammlung Deutsche Raketentechnik, Dresden: 64/1.
DaimlerChrysler Aerospace AG, Bremen: 65.
Staatliche Museen zu Berlin, Kunstgewerbemuseum (Fotostudio Bartsch): 67.
A. Stückelberger/H. Rohner, Bern: 68/1.
Mathematisch-Physikalischer Salon, Staatliche Kunstsammlungen Dresden: 68/2, 71/3.
Römisch-Germanisches Zentralmuseum, Mainz: 69/3.
Staatsbibliothek zu Berlin – Preußischer Kulturbesitz: 69/4.
Forschungsbibliothek Gotha (Foto-Atelier Louis Held, E. u. S. Renno): 70/1.
Wenzel-Hablik-Museum Itzehoe (Foto: Kai Falck): 70/2.
Staatliche Museen zu Berlin, Museum für Islamische Kunst: 74/1 (Foto: Rosa Mai), 78/1.
Soprintendenza per i Beni Artistici e Storici di Napoli: 76/2.
Niedersächsische Staats- und Universitätsbibliothek Göttingen: 77/3.
Statens Konstmuseer, Stockholm: 77/4.
Staatliche Museen zu Berlin, Antikensammlung (Foto: Ilona Ripke): 78/2.
A. Eckart, Max-Planck-Institut für Extraterristrische Physik, Garching: 80, 81.
D. Weiskopf, Institut für Astronomie und Astrophysik der Universität Tübingen: 83//3, 94/2.
C. Kulmann, Bremen: 83/4, 94/1.
Adler Planetarium & Astronomy Museum, Chicago: 95/3.
Space Telescope Science Institute, Baltimore: 84/1.
Max-Planck-Institut für Chemie, Mainz: 84/2, 84/3, 88/2.
Muzeum Narodowe w Krakowie, Krakau: 86.
P. Janle, Institut für Geowissenschafen, Universität Kiel: 88/3.

Philip Martinow, Berlin, © BMB: 93.
Twentieth Century Fox: 97/3.
Paramount Pictures: 99/2, 100, 112-113.
American Primitive Gallery, New York: 101.
Galerie Zwinger, Berlin (Fotos: Jens Ziehe, Bettina Allamoda): 106/1, 106/3, 107/6.
A. v. Rétyi: 106/2.
H. Lobenwein, Fürth: 106/4.
Bröhan-Museum, Berlin (Foto: Martin Adam/Hoch3 Berlin): 107/5.
Hubschraubermuseum Bückeburg: 107/7.
Museum Wiesbaden: 107/8.
Kelly Freas Studios, West Hills: 109/1.
Clayton G. Bailey, Port Costa: 109/2, 112.

Wir danken den folgenden Verlagen und Autoren für ihre Genehmigung zum Abdruck von Texten:
Verlag Volk und Welt GmbH, Berlin (Stanislaw Lem)
WISSENSCHAFT & TECHNIK VERLAG
Dr. Jürgen Groß, Berlin (Heinz-Hermann Koelle)
Anja Bürkle, Berlin (Sophie Elisabeth Bürkle)